你的文章太胖了！

The Writer's Diet: A Guide to Fit Prose

[美]海伦·索德 著

文意昕 译

Helen Sword

后浪

图书在版编目（CIP）数据

你的文章太胖了！/（美）海伦·索德著；文意昕译. -- 北京：北京联合出版公司, 2023.8
ISBN 978-7-5596-6948-3

Ⅰ. ①你… Ⅱ. ①海… ②文… Ⅲ. ①英语—写作 Ⅳ. ① H315

中国国家版本馆 CIP 数据核字 (2023) 第 119656 号

The Writer's Diet: A Guide to Fit Prose by Helen Sword
© 2007, 2016 by Helen Sword. All rights reserved.
Licensed by The University of Chicago Press, Chicago, Illinois, U.S.A.
Simplified Chinese edition © 2023 by Ginkgo (Shanghai) Book Co., Ltd.
本书简体中文版版权归属于银杏树下（上海）图书有限责任公司。
北京市版权局著作权合同登记号　图字：01-2023-0074

你的文章太胖了！

著　　者：[美]海伦·索德	译　　者：文意昕
出品 人：赵红仕	选题策划：后浪出版公司
出版统筹：吴兴元	编辑统筹：杨建国
责任编辑：李　伟	特约编辑：王逸菲
营销推广：ONEBOOK	装帧制造：墨白空间·张萌
排　　版：赵昕玥	

北京联合出版公司出版
（北京市西城区德外大街 83 号楼 9 层　100088）
河北中科印刷科技发展有限公司　新华书店经销
字数 75 千字　787 毫米 × 1092 毫米　1/32　4.5 印张
2023 年 8 月第 1 版　2023 年 8 月第 1 次印刷
ISBN 978-7-5596-6948-3
定价：38.00 元

后浪出版咨询(北京)有限责任公司　版权所有，侵权必究
投诉信箱：editor@hinabook.com　　fawu@hinabook.com
未经书面许可，不得以任何方式转载、复制、翻印本书部分或全部内容。
本书若有印、装质量问题，请与本公司联系调换，电话 010-64072833

目 录

致 谢　3
关于本书　5

1. 动词活力　1
2. 名词浓度　23
3. 介词过剩　47
4. 形容词副词上瘾症　65
5. "废词"连篇　85

后记　健康写作　112
附录　写作健康测试　117
写作健康测试指南（手册版）　119
写作健康测试指南（电子版）　125
参考文献　128

致 谢

我们都期望营养师身材纤细,私人健身教练肌肉发达,而一本写作指导书的作者理应写出完美的文章。许多人期望在本书中看到来自文体学、语言学和语法学专家们的强有力的观点;为了回应这些期望,我邀请了许多人阅读本书的初稿,并收到了大大小小的意见。我在第一版中感谢了这些慷慨的朋友和同事,在此我再次表示感谢。

当然,我的写作依旧是一座玻璃房子,但我已不再害怕窗户被打碎。自 2007 年本书首次出版以来,读者已经欣然接受了它。可以预见有些人会攻击这种将写作类比为健身的看法,并质疑我这套健身算法。然而,大多数人的反应完全如我所希望的那样:他们尝出了其中幽默的味道和一丝风趣的滋味。要将那些给我提过实用反馈意见的读者全部列出来得费上好几页纸,我对他们表示诚挚的感谢。

我要特别感谢蕾切尔·布思在早期给我的灵感,洛伊丝·范·瓦登伯革提供经久的智慧,新西兰皮尔森教育部的布朗温·尼科尔森对首版书的信心。同时,感谢奥克兰大学出版社的萨姆·埃尔沃西、安娜·霍奇和卡特里纳·邓肯，以及芝加哥大学出版社的玛丽·劳尔和洛根·瑞安·史密斯，本书能推出新版多亏有他们的指导。感谢吉迪恩·基思引人注目的封面设计，感谢约翰·哈默将写作健康测试带上了网络，以及理查德、克莱尔、彼得和大卫——当然还有莱拉——他们让我在身体的各个重要方面保持健康和营养充足。

关于本书

想象一下，如果你要招募一名长跑运动员来传递一则重要信息，你会选择什么样的人：是肌肉线条优美、心肺功能强劲的健壮运动员，还是缺乏锻炼、跑两步就喘得不行的胖墩宅男？答案显而易见。然而，有太多写作者想将他们最棒的想法告诉全世界，却被语法和修辞都不堪一击的句子拖了后腿。

本书旨在帮助你激发自己的写作潜力，提升语言表达能力，并学会从文章中删除不必要的凑字数部分。但是若想看到切实的成果，你需要采用正确的锻炼方法，以及付出数周乃至数月的努力。在这里，你将学会如何用笔标记（或用鼠标点击）来加强和润色自己写的句子。规则看起来非常简单：尽可能使用行为动词；选择具象的语言而不是模糊抽象的表达；避免长串的介词短语；只在对句子意思有新贡献的情况下才使用形容词和副词；减少对四个有害"废词"（it/this/that/there）的依赖。

与其他健身活动一样，坚持这五项原则需要精力和警觉性，但成果将说明一切。你的句子会变得更加结实、更富有活力，你将能通过如获新生的文章更顺畅地表达想法。

本书适用人群

无论你是学生、学者、记者、小说家还是诗人，本书都能帮你培养健康的写作习惯，让你用全新的眼光看待自己的文字。每章我都会带你欣赏一些世界上最优秀的句子，以及一些非常可怕的句子。在此过程中，你将学会如何在不牺牲个人风格的前提下提升自己的文章。

最重要的是，本书并不只针对初级写作者。很多时候，正是那些最具智慧的作家写出了最笨拙的文章。对于那些继续攻读高等学位的人来说，他们很快就能领会到专业术语的力量；这些术语适用于许多专业领域，人们在互相交流时使用术语，就如同入会者之间的秘密握手。然而随着时间的推移，哪怕是最有经验的作者也可能失去洞察力，并将一些难以理解的论文视作"正常"。本书提供了一种现实的检查方法，让你可以将自己的作品与同事的佳作或败笔做比较，以此衡量自己的写作水平。

本书并未提供任何针对论点或读者的"全局"建议，也没有关于如何构建文章或段落结构的指导，亦没有关于"正确"语法和标点符号使用的入门学习。相反，本书集中火力，仅针对五个经常在句子中捣乱的问题，并提供实践练习来帮助你培养更健康的写作习惯。

写作健康测试

写作健康测试是一种非正式的诊断工具,本书的五个章节分别对应其五个项目,可以让你知道自己的写作是"超重"还是"健康"。你可以在网上参与测试,网址是 www.writersdiet.com,或者参照本书后面的手册说明进行测试。

有的作者会使用写作健康测试来查明特定段落中的问题,还有的作者则选取更长的样本用于确定作品的整体模式。无论采用哪种方式,这个测试都能给予你一些启发,而不是僵硬的公式或规则条文。问问自己:我是故意这样写的吗?我喜欢这个效果吗?

写作健康测试将帮助你识别作品中的一些显著特征:比如 be 动词的用法,或者介词短语的使用偏好。你甚至可能会发现测试没有测出来的一些表达偏好。许多作者发现,他们的分数会随样本类型而发生显著变化:例如,个人作文通常比学术期刊包含更多的具象名词和行为动词,因此学术期刊可能更为抽象。

"真的能将好的写作简化为数学公式吗?"你可能会有这样的疑问。不,当然不能。世界上最优秀的作家的作品总是与定量分析唱反调。写作健康测试没有尝试测量表达的生动性、思维的清晰性以及风格的流畅性,或者其他任何在好文章中必不可缺的因素。自信的作家懂得自己的价值,他们藐视规则,在危险的边缘大展拳脚,甚至时不时沉迷于策略性的"超重"。

如何使用本书

你可以不做写作健康测试,直接从书中获取灵感,也可以在不阅读本书的情况下进行测试。但是,本书和测试互为补充工具,相辅相成。测试提供即时、个性化的诊断,帮助你认识到一些最常给有深度的文章拖后腿的语法特征。同时,书中深入介绍了这些语法特征,带你思考它们在风格上的微妙之处以及测试无法解决的疑问。测试只是一把钝器,而本书内容将教导你"如何写出有力的文章"这门复杂的人文艺术。

如果你感觉自己的写作乏味而死板,却说不清原因,那么写作健康测试可以用直观而深刻的方式向你展示问题所在。本书也可以帮助你分析考试成绩,找出提升的方法,甚至告诉你是否该忽略某些成绩。在写作健康测试中,许多精彩的作品会显得"超重"甚至更糟,因为风格明显的作家有足够的信心和技巧来灵活使用语言,本测试既不是为这种作品设计的,也不能对其进行评判。每章末尾的例子将向你说明如何处理复杂甚至自相矛盾的问题。

随着时间的推移,书中概述的核心原则将成为你的思维习惯,你可能会发现自己不再需要写作健康测试了。你将不再写出冗长笨重的句子,而是学会将它们缩至适当长短。当你用笔在纸上书写或用手指敲打键盘时,你会发现自己写出的是紧凑而有力的文章。

1.
动词活力

本章要点：
- 选择表义强、准确、充满活力的行为动词，比如：scrutinise（洞察）、dissect（剖析）、recount（诉说）、capture（捕获）。尽量少使用那些软弱、模糊、懒洋洋的动词，比如：have（有）、do（做）、show（显示）。
- 限制 be 动词（is、am、are、was、were、be、being、been）的使用。

    动词就像我们身上的肌肉，能让句子变得有力量。实际上，从技术上来讲，如果没有动词，就不能构成完整的一句话。但不是所有动词都同样有力量。行为动词，如"生长""扔掷""散发出"（grow、fling、exhale）可以为你的文章注入活力，使之充满生机，让句子如虎添翼。还有些 be 动词形式的词——比如

is、was、are——虽然能表达一定的意思，但不能带来新的信息。你可以把它们想象成语法结构中的臀大肌。

相比起花费精力去构建以动作驱动的文章，写一句由be动词和被动结构主导的句子要容易得多，正如前面的这半句话（It is much easier to write a sentence that is dominated by be-verbs and passive constructions）。既然be动词这么好用，为何我们还要浪费时间绞尽脑汁地搜寻那些既要生动又要丰富的动词呢？

行为动词值得我们关注和为它下些功夫，主要有以下三点原因。第一，行为动词为你的写作增添了一种主体感和紧迫感，它告诉你谁对谁做了什么。比起"我们开展了该研究"（We performed the research），科学家惯用的一种被动说法"该研究得到开展"（The research was performed）就更缺乏真诚和直接的感觉。

第二，除了非行为动词主导的句子，行为动词可加强语气并扩充信息量。比如"该流行病横扫整个南美洲"（The pandemic swept through South America）这个句子，其中的隐喻是这种流行病的影响就像大火扫荡森林一般，又或者如扫帚扫过杂乱的地板一样。但像"这是很严重的流行病"（The pandemic was very serious）的说法就不能达到上述激发读者想象的效果。

第三，行为动词的表达更为经济和精确，而be结构的表达则较为笼统草率。请看以下这句由一名博士写的有气无力的句子：

What is interesting about viruses is that their genetic stock is very meagre.

病毒的有趣之处在于它们的遗传繁殖群很贫乏。

要改造这句话，给它加一个更有力的动词和生动的副词，就能让它读起来更形象生动且更有说服力：

Viruses originate from a surprisingly meagre genetic stock.

病毒起源于一个贫乏得出人意料的遗传繁殖群。

总的来说，be 动词的用途可以类比成数学等式中的等号，它不能给句子带来更多的信息，只能描述现有的情况。同样地，在被动结构里，"被"字就像蜘蛛网一样捕获行为动词："他被铃声吓了一跳"（He was **startled** by the bell），"她的脸被皱纹划刻"（Her face was **lined** with wrinkles）。请注意，这两个句子中的行为动词（startle、line）改变了自身的动词词性，变成描述性形容词（startled、lined）。

适度地使用 be 动词一点问题也没有。我们的句子需要 be 动词，就好比饮食中需要淀粉，衣柜里需要袜子一般。be 动词的句子结构可以创造出主体、行为和时态上的细微区别。举个例子，"我的信心被磨灭了"（I was made to feel inferior）表达的意思不同于"她磨灭了我的信心"（She made me feel inferior）或"我感到没信心"（I felt inferior）。同样，"他在买东西"（He is going shopping）表达了一种暂时性，而"他去买东西"（He goes shopping）或"他每天买东西"（He shops every day）则没有这样的感觉。

只有当我们想偷懒时，be动词才会成为问题所在：我们让be动词变成每句话的主食，只是因为我们懒得去构想那些富有变化的动词。下面这段话摘录自一位本科生关于电影艺术的论文，它可以很好地说明我的观点：

> *American Beauty* is one of the best films I have ever seen. The Academy gave the movie a 'Picture of the Year' award, among other honors. There are many good uses of cinematography throughout the film. I will be describing how cinematography is used to enhance what is happening in that particular scene.
>
> 《美国丽人》是我看过的最好的电影之一。奥斯卡曾将"年度最佳影片"奖颁给这部电影，它很好地用了电影摄影的手法。接下来我要描述其中一幕是如何用电影摄影来强调故事是怎样发展的。

在这段话里，be 动词频频出现。这里有两个潜在的行为动词"描述"（describe）和"发展"（happen），但它们都混杂在 be 动词引导的结构中（will be describing，what is happening）。同时，句子里的其他动词如"看""给""用""强调"（see、give、use、enhance）都相对直白和笼统，只比 is 或 are 多贡献了一点点活力。但如果把最后一句"接下来我要描述其中一幕是如何用电影摄影来强调故事是怎样发展的"（I will be describing how cinematography is used to enhance what is happening in that particular scene）中的 be 结构去掉，该核心句就变得像下面这样：

I will describe how cinematography enhances what happens in a particular scene.
接下来我要描述其中一幕如何用电影摄影来强调故事发展。

修改后的句子维持了原意，但单词数从 17 词减少至 12 词，用理查德·A. 拉纳姆（Richard A. Lanham）的话来说，这就是所谓的"润色要素"（lard factor）[1]。

写作技巧娴熟的作者不会完全摒弃 be 动词。相反，他们小心而适度地运用它，有时也会用上额外的策略。举个例子，查尔斯·狄更斯（Charles Dickens）在《双城记》的开篇中就用了多达 10 个 be 动词：

> It was the best of times, it was the worst of times, it was the age of wisdom, it was the age of foolishness, it was the epoch of belief, it was the epoch of incredulity, it was the season of Light, it was the season of Darkness, it was the spring of hope, it was the winter of despair. . .[2]
>
> 那是最美好的时代，那是最糟糕的时代；那是个睿智的年月，那是个蒙昧的年月；那是信心百倍的时期，那是疑虑重重的时期；那是阳光普照的季节，那是黑暗笼罩的季节；那是充满希望的春天，那是让人绝望的冬天……（宋兆霖译）

但如果接着看这段 be 动词宝库的后一页，你会发现这些 be 动词都闪耀着行为动词的光辉。在用重复的 be 动词将读者哄骗进一种静态且千篇一律的感觉后，狄更斯突然把大伙儿领进了由形象动词讲述的法国革命前夕：

> France, less favoured on the whole as to matters spiritual than her sister of the shield and trident, rolled with exceeding smoothness down hill, making paper money and spending it. Under the guidance of her Christian pastors, she entertained herself, besides, with such humane

achievements as sentencing a youth to have his hands cut off, his tongue torn out with pincers, and his body burned alive, because he had not kneeled down in the rain to do honour to a dirty procession of monks which passed within his view, at a distance of some fifty or sixty yards.

总的来说,法国不如她那位一手持盾、一手持三叉戟的姊妹那么热衷于鬼神。可她滥发纸币,挥霍无度,畅通无阻地走着下坡路。此外,她还在那些基督教牧师的指导下,以施行种种"德政"为乐,诸如剁去一个青年人的双手,用钳子拔掉他的舌头,然后把他活活烧死,只因他看见五六十码外有一行满身龌龊的修道士走过,没有在雨中跪下向他们行礼致敬。(宋兆霖译)

狄更斯没有直接告诉我们法国当时的政治环境有多严峻,而是描述了一个步入歧途的国家,它"畅通无阻地**走**着下坡路"(**rolled** with exceeding smoothness down hill),到了无药可救的地步。他将法国比拟成一名轻佻的女人,她以**施行**种种残忍的事情为乐(**entertained** herself),比如将一位年轻人折磨致死:"**剁**去一个青年人的双手,用钳子**拔**掉他的舌头,然后把他活活**烧**死……没有在雨中**跪**下向他们行礼致敬"(his hands **cut** off, his tongue **torn** out with pincers, and his body **burned** alive, because he had not **kneeled** down in the rain)。狄更斯在这里暗指玛丽·安托瓦内特（Marie Antoinette），这位皇后穷奢无度的行径最终激得法国底层人民揭竿而起。从以上两个例子可以看出，狄更斯没有使用明喻手法，如"法国像……"（France was like this or that），而是利用行为动词来达到一种细微却又鲜明的隐喻效果。

在莎士比亚的《哈姆雷特》中，这句最经典的独白也有异曲同工之妙。他在一句话里连续抛出了三个 be 动词：

To be, or not to be: that is the question.[3]
死后是存在，还是不存在，——这是问题。（梁实秋译）

面对生死抉择，这位饱受折磨的王子这样问自己：

Whether 'tis nobler in the mind to suffer
The slings and arrows of outrageous fortune,
Or to take arms against a sea of troubles,
And by opposing end them?

究竟是要忍受这强暴的命运的矢石，
还是要拔剑和这滔天的恨事拼命相斗，
才是英雄气概呢？（梁实秋译）

其中的行为动词让场景变得生动起来,"忍受""拔剑""拼命相斗"(suffer、take arms、oppose),让这位王子在忍受鲜明的肉体折磨时产生了对存在主义的深思,并贯彻在剩下的独白中:

Who would fardels bear,
To grunt and sweat under a weary life,
But that the dread of something after death,
The undiscover'd country from whose bourn
No traveller returns, puzzles the will
And makes us rather bear those ills we have
Than fly to others that we know not of?

谁愿背着重担,
在厌倦的生活之下呻吟喘汗,
若不是因为对于死后的恐惧,
——死乃是旅客一去不返的未经发现的异乡,
——令人心智迷惑,
使得我宁可忍受现有的苦痛,
而不敢尝试那不可知的苦痛。(梁实秋译)

哈姆雷特对人类的存在性进行了严厉的审视,让我们必须在两个同样痛苦的选项中做出选择:是"呻吟喘汗","忍受现有的苦痛",还是将肉身置之事外,去"尝试那不可知的"死亡,前往"旅客一去不返的异乡"。通过运用这些行为动词,莎士比亚将生命(to be)描绘成苦痛的负担,把死亡(not to be)比喻成令人惧怕的旅程。

行为动词可以激发我们的灵感,它直接诉诸感官,带动我们的视觉、听觉、触觉、味觉和嗅觉,引发无限想象,而不是简单地陈述"是"或"不是"。在构建新句子时,技艺娴熟的作家并非每次都从茫茫词海中大海捞针,他们平时就注意锻炼和拓展自己的词汇量,寻找可以传达视觉意象和动作的动词。

请阅读下面这个例子,注意美国普利策奖获奖者、作家约翰·麦克菲(John McPhee)如何选择优美而精确的动词来描写鲱鱼上钩的场景:

> Flutter something colorful in their faces and shad will either ignore it completely or snap at it like pit bulls. More precisely, they'll swing their heads, as swordfish do, to bat an irritant aside. They don't swallow, since they're not eating. Essentially never does a hook reach the gills, or even much inside the mouth. You hook them in the mouth's outer rim – in the premaxillary and maxillary bones and sometimes in the ethmoid region at the tip of the snout, all of which are segments of the large open scoop that plows through plankton at sea.[4]

若将色彩斑斓的鱼饵在鲜鱼的脸上晃动，它们要么会完全无视，要么就像斗牛犬一样咬住不放。更准确来说，鲜鱼会甩动头部，像剑鱼常做的那样，然后把那恼人的东西拍到一边。它们不会将其吞下，因为它们不准备把鱼饵吃掉。事实上鱼钩并不能钩到鱼鳃处，有时甚至还没有被鱼咬上。你要做的是用鱼钩钩住鱼嘴的外圈，即前颌骨和上颌骨，或在鱼吻尖端上的筛骨区，这些都是鱼头上较大的凹陷部位，它们就像大铲子，以便鲜鱼在海水中捕获浮游生物。

"晃动""咬住不放""甩动""拍""吞下"（flutter、snap、swing、bat、swallow），这些词都表示某种动作和活动。同时也要注意麦克菲使用动词的节奏。在前四句中，他一下抛出一连串动词，让动词如色彩斑斓的鱼饵一般在读者眼前晃动。而在最后的第五句里，麦克菲控制了动词的用量，改用长串的介词短语——"**即**前颌骨和上颌骨，或**在**鱼吻尖端**上**的筛骨区"（**in** the premaxillary and maxillary bones and sometimes **in** the ethmoid region **at** the tip **of** the snout）；随后又对鲜鱼嘴进行了让人印象深刻的描述，"它们就像大铲子，以便鲜鱼在海水中**捕获**浮游生物"（large open scoop that **plows** through plankton at sea），以此勾住读者的兴趣。

动词活力

11

与麦克菲这种动词引导的句子相反的是下面这两个例子，取自科学期刊的同行评审文章，分别来自计算机科学和进化生物学：

> [Computer science] A schema mapping is a specification that describes how data structured under one schema (the source schema) is to be transformed into data structured under a different schema (the target schema). Although the notion of an inverse of a schema mapping is important, the exact definition of an inverse mapping is somewhat elusive.[5]

> ［计算机科学］模式映射是一种规范，它描述了如何将构建在一种模式（源模式）下的数据转换为构建在不同模式（目标模式）下的数据。尽管模式映射的反向概念是至关重要的，但反向映射的确切定义却多少有些难以理解。

> [Evolutionary biology] Species complexes are composed of genetically isolated lineages that are not distinguishable on the basis of purely morphological criteria. Such difficulties have been encountered in almost all taxonomic groups, even the most studied birds and mammals. . . . Detecting the cryptic structure of species complexes is essential for an accurate accounting of the biological diversity in natural systems.[6]

[进化生物学]复合种由遗传上孤立的谱系组成,这些谱系根据纯形态学标准是不可区分的。几乎所有的分类群都遇到过这样的困难,即便是被研究最多的鸟类和哺乳动物也如此……检测物种复合种的神秘结构对于准确计算自然系统中的生物多样性是至关重要的。

"是""描述""即便是"(is、describes、is to be)……许多学者误以为比起小说家或诗人常用的丰富修辞,使用这种平铺直叙的语言能更准确客观地表达科学观点。其实,好的文笔与表达观点并不冲突。

[Computer science] Either we can scan, or 'crawl,' the text database or, alternatively, we can exploit search engine indexes and retrieve the documents of interest via carefully crafted queries constructed in task-specific ways. . . . Reputation management systems download Web pages to track the 'buzz' around companies and products. Comparative shopping agents locate e-commerce Web sites and add the products offered in the pages to their own index.[7]

[计算机科学]我们可以扫描文本数据库,或者说"爬虫",还可以利用搜索引擎索引,通过精心设计并以特定任务方式构建的查询系统来检索感兴趣的文件……信誉管理系统会下载网页以

跟踪公司和产品的"网络评价",比价的购物代理会定位电子商务的网站,并将页面中提供的产品添加到自己的索引中。

[Evolutionary biology] Insects suck, chew, parasitize, bore, store, and even cultivate their foods to a highly sophisticated degree of specialization, and much of the evolution of the group appears to be related to the way in which insects interact with their environment by feeding.[8]

[进化生物学]昆虫会吮吸、咀嚼、寄生、蛀食、储存甚至培育它们的食物,达到高度复杂的专业化程度,昆虫群体的大部分演变似乎都与其为获取食物而和环境的互动有关。

这两个例子来自与前两例同样的学科期刊文章,但其中使用的行为动词要多得多,相比于直白的叙述,它们为文章增添了一些色彩。句子中包括精心挑选的动词,如"扫描""爬虫""利用""检索""下载""跟踪""定位""吮吸""咀嚼""寄生""蛀食""储存""培育""互动"(scan、crawl、exploit、retrieve、download、track、locate、suck、chew、parasitize、bore、store、cultivate、interact),这些行为动词带着科学的严谨和精确,传达出了作者的意思。

以下这句话取自一篇有关堕胎的本科生论文，请注意开头提出的问句是多么掷地有声，但随后的句子却扼杀了其活力，卡在了 be 动词的用法上：

Pro-Life or Pro-Choice? That is a big question that a lot of Catholics are asked.
支持生命权还是选择权？这是许多天主教徒被问及的一个大问题。

通过较小程度的修改，我们就可以摆脱 be 结构（that is, are asked）并激发动词的活力：

Pro-Life or Pro-Choice? Many Catholics grapple with this difficult question.
支持生命权还是选择权？许多天主教徒力求解决该难题。

修改后的句子不仅节约了单词数，从 12 个词降到了 7 个词，而且传达出一种原句没有的思想上的深思熟虑感，以及道德上的挣扎感。其中的动词"力求解决"（grapple）表达出一种肉体上的隐喻，描述出了这种挣扎于两个道德选择间的抽象心理过程。"天主教徒"从宾语变成了句子的主语,成为动作的主体,而非接受者。我们从而可以积极地参与到"生命权还是选择权"的问题中,而不仅仅是委婉地"被问及"该问题。

若想攀上高峰,就需要比站着不动或在平地行走付出更多努力。同样地,要想写出更灵动的句子,就需要比单纯使用 be 动词和其他平淡的抽象动词付出更多努力。我们甚至可以用物理定律类比语法和宾语。be 动词如同惯性作用,从牛顿第一定律中我们知道,一个静止的物体将保持静止,直到有外力使其改变运动状态。同理,一个枯燥乏味的句子将保持死气沉沉的状态,直到作者为其施加外力唤醒它们。

练 习

下面的练习可以帮助你伸展并增强句子的动词肌肉，请根据自己的实际情况进行练习。

被动语态转换为主动语态

找出五个使用被动语态的句子，可以是你自己写的或是他人的作品，然后将其转换成主动语态的句子，且不能包含 be 动词结构。在做这项练习的时候，你可以充分享受为句子装配新动词的乐趣，有时你甚至需要将整句重写。

例：

The passengers **were asked** to return to their seats.
乘客**被要求**回到原座位。

是谁要求乘客回到原座位？要将此句修改为主动句，需要确定发出该动作的主体。体会一下下列几种可能的情况及它们之间细微的差别：

The flight attendant **asked** the passengers to return to their seats.

乘务员**请**乘客返回原座位。

The captain **told** the passengers to return to their seats.

机长**让**乘客返回原座位。

The voice on the loudspeaker **ordered** the passengers to return to their seats.

广播里的声音**命令**乘客返回原座位。

几乎所有优秀的作家都会偶尔使用被动语态。比如用来强调句首的名词，如"他的脸被毕生的经历划得伤痕累累"（His face had been scarred by the experiences of a lifetime）；或要避免"我"字对句子的干扰，如"教科书和考试被设计成由小组共同完成"（The book and the test have been designed to work together）；又或者为了打造出角色的无力感，如"他的手被剁掉，舌头被钳子拔去，身体被活活烧死"（his hands cut off, his tongue torn out with pincers, his body burned alive）。有时，一些小小的主动语态转换练习可以给你带来意想不到的视角。比方说，对于"学生被教导"（The students were taught）这个句子,当你将其改写为"老师指导学生"(The teacher instructed the students)或"学生学习了"(The students learned)时,就有了相当不同的含意。

从懒人到能人

从你的作品中选取一段话,可以是一自然段,也可以是一整页,然后识别出其中所有的动词。当你剔除掉 be 动词,剩下的都是什么样的动词?许多所谓的"行为"动词,诸如"会""做""用"(make、do、use),其实没有传达实际的动作意思。试着把这些寡淡老套的动词换成更精确有力的动词,让你的文章更有活力。

> Many people in Russia **have** no skills in Internet usage. Those people **include** the young as well as the older generations.
>
> 在俄罗斯,许多人**不会**使用网络,其中**包括**年轻人和老人。

当我们读到这句关于俄罗斯网络使用的本科论文的开场白时,已经有种昏昏欲睡的感觉了。比起简单地将"会"(have)替换为"掌握"(possess)这种懒办法〔好比把"用"(use)替换为"使用"（utilise）］，不如试试"缺乏"（lack），这个动词强调了不到位和不足之感。接下来，我们还能将这两个分句合为一个：

Many people in Russia – the young as well as the older generations – **lack** Internet skills.
俄罗斯的许多年轻人和老人**缺乏**上网的技能。

为什么俄罗斯人缺乏上网的技能？这种现象会对社会和教育造成不良影响吗？修改后的这句开场白能勾起读者的兴趣，让读者想在接下来的文章中找出答案。

大脑能量棒

计时五分钟，写下你能想到的所有行为动词。让你的大脑肆意地想象、漫游和玩乐。然后保留这张罗列了你感兴趣的动词的单子，每当你写作的时候，再往上面添加你新想到的动词。就像运动员常吃的能量棒一样，当你的动词资源枯竭的时候，这张"动词能量"贮备单可以为你补充体力。

写作健康测试　例1

In this article I am going to distinguish different levels of social practice and psychic subjectification within which it is possible to describe shifts in the regulation of gender. The more abstract level of my argument is that it is helpful to maintain a distinction between changes in the codes regulating practices within social fields, and changes at the level of gender as a primary mark of human subjectivity within the Symbolic Order. At a more concrete level, I am arguing that, while it is possible to identify gendered shifts in the codification of disciplinary and pedagogic practices within universities, the subjectivity of individual academics is still primarily embodied within the codes of hegemonic heterosexual gender identities.[9]

在本文中，我将对不同层面的社会实践和心理主体化进行区分，这样的区分使描述性别调节的变化成为可能。在我的论点中，较抽象的层面是它有助于保持区分社会领域中的规范调整实践变化和性别作为符号秩序中人类主体性的主要标志的水平变化。而更具体的层面是，我认为虽然在大学对纪律和教学实践的整理编撰中发现性别转化是可能的，但个别学者的主观性仍然主要体现在异性恋霸权身份认同的规则中。

写作健康报告：

动词	健康警报
名词	健康警报
介词	健康警报
形容词和副词	健康警报
"废词"	超重
总评	**健康警报**

评语： 在这篇来自同行评审的高等教育期刊文章中，be 动词、抽象名词和学术形容词占据着主导地位。诸如"区分""描述""保持""认为""发现"（distinguish、describe、maintain、argue、identify）等抽象动词未能充分发挥作用。虽然第三句的开头充满希望地说道"而更具体的层面……"（At a more concrete level...），但后文并没有给出具体的形象或例子来展示这点。

2.
名词浓度

本章要点：
- 用具象的语言和意象固定抽象的想法。
- 运用现实生活中的例子描绘抽象概念（"说不如做"）。
- 减少使用抽象名词，特别是名词化的名词（即从动词、形容词等转化而来的名词）。

如果说动词是语言的肌肉，名词就组成了其骨骼。"骨骼强健"的句子通过具象名词来传递信息和情感，这些具象名词描述的都是我们看得见、听得到、摸得着、尝得出或闻得到的物体，比如"水""手"或"月亮"。而"骨质疏松"的句子则更多地依赖抽象名词，表达人类感官难以捉摸的概念。我们可以谈论、思考或争论"悲伤""爱"和"互惠性",但这些都是没有实体的概念。

对比以下两段描述儿童想象力发展的例子,第一段来自诗人罗伯特·摩根(Robert Morgan),第二段来自一个心理学研究团队:

诗人:
More than
all I loved to slide the hatpins
like adjustable rods in the
plum-shaped cushion . . . I
knew without asking I wouldn't be
allowed such deadly probes and heart-
picks. Some were long as witches' wands
with fat pearl heads. They slid in the
cushion as through waxy flesh.
I extracted a cold silver
excalibur and ran it on
my wrist and stabbed at the mirror,
then froze, listening for her step.[10]

我最喜欢将帽针插进李子形状的靠枕里,
假装它们是调节杆……
不需问我也知,
不能拿这些危险的针和心形签子玩。

它们有的像巫师的魔杖那般长,
带着胖胖的珍珠头。
插进垫子时有如穿过蜡制肉体。
我拔出一把银光闪闪的宝剑,
将它绑上手腕刺向镜子,
然后定在跟前,聆听她的脚步声。

心理学家:

As children develop the ability to transition between states, they can be thought of as becoming less dissociative. In this way, non-pathological dissociation may be connected to Theory of Mind, inhibitory control and other metacognitive abilities of interest to developmental researchers. Another line of research has connected non-pathological dissociation to fantasy proneness or imagination.[11]

当儿童发展出转换不同情境的能力时,可以认为他们的解离症状正变得越来越弱。通过这种方法,非病理的解离症状可能与心智理论、抑制性控制和其他元认知能力有关,这些都是发展研究人员感兴趣的领域。另一项研究则将非病理解离与幻想倾向或想象联系起来。

诗段描绘了在孩童的眼中,祖母的帽针如何变化成巫师的魔杖和传奇的宝剑。其中具象的名词和生动的动词——

"杆""靠枕""针""签子""头""肉体""宝剑""手腕""镜子""插进""拔出""绑上""刺向""定在"（rods、cushion、probes、heartpicks、heads、flesh、excalibur、wrist、mirror、slid、extracted、ran、stabbed、froze）——为读者打开了一扇观察孩子脑内世界的窗户，让我们得以一窥他混杂着渴望、幻想和惧怕的复杂情感。而另一篇学术文章则正好相反，它将儿童和研究员们笼罩在一片抽象的云雾中："能力""情境""解离""理论""心智""控制""兴趣"（ability、state、dissociation、theory、mind、control、interest）。作者没有为读者设置好描述性的路标，以引导读者更好地理解内容，也没有提供让读者产生情感或知识共鸣的"心形签子"和"宝剑"。

现在请看下面一段由心理学家艾莉森·戈普尼克（Alison Gopnik）以诗人的笔触写下的文段：

> [A researcher] asked randomly chosen three- and four-year-old children and their parents a set of specific questions about imaginary companions. Most of the children, 63 percent to be exact, described a vivid, often somewhat bizarre, imaginary creature. . . . Many of the imaginary companions had a poetic appeal: Baintor, who was invisible because he lived in the light; Station Pheta, who hunted sea anemones on the beach. Sometimes the

companions were other children but sometimes they were dwarves or dinosaurs. Sometimes the children became the imaginary creatures themselves.[12]

[研究员]随机选择了三岁和四岁的儿童及其父母,向他们提出了一组关于想象中的同伴的特定问题。大多数儿童,确切地说是其中63%的孩子,描述了一个生动的、通常有些古怪的想象中的生物……许多想象中的同伴都有一种优雅的吸引力:"拜恩特"是隐形的,因为他生活在光线之中;还有"菲塔站",他会在海滩上捕猎海葵。这些同伴可能是其他小孩,也可能是矮人或恐龙。有时,孩子们自己也成了想象中的生物。

具象名词——"儿童""父母""生物""同伴""光线""海葵""矮人""恐龙"(children、parents、creatures、companions、light、sea anemones、dwarves、dinosaurs)——在文中起到了双重作用。首先,它们描述了戈普尼克的中心观点:儿童都是"年轻的科学家",他们具有高度发达的反事实思考能力。其次,戈普尼克精心选择了能够吸引并打动读者的例子。当她用一个看不见的朋友"拜恩特"(Baintor)来表示"非病理解离"(non-pathological dissociation)时,这个抽象的概念也变得更让人印象深刻且引人注目。

很多时候,学者们选择抽象的语言就像鱼选择水一般自然;

他们沉溺于使用生僻高深的词汇，然后解释、解释再解释。相对地，诗人和小说家则更喜欢运用具体的意象和实际的例子来描述抽象的想法——"说不如做"（Show，don't tell）。例如，诗人艾米莉·狄金森（Emily Dickinson）这样描述"梦想"这一不堪一击而又生机勃勃的人类情感：

> Hope is the thing with feathers
> That perches in the soul,
> And sings the tune without the words
> And never stops at all.[13]
>
> 梦想长有翅膀，
> 栖息于灵魂中，
> 吟唱着无言的曲调，
> 永不停歇。

再来看小说家拜厄特（A. S. Byatt）如何通过回忆旧情来传达角色混杂着乡愁、热血和厌恶的复杂情感：

> Her mind was full of an image of a huge, unmade, stained and rumpled bed, its sheets pulled into standing peaks here and there, like the surface of whipped egg-white.

Whenever she thought of [her former lover], this empty battlefield was what she saw.[14]

她的脑海中充斥着一张杂乱褶皱、污迹斑斑的大床，床单被拉扯出一条条山脊，像打发了的鸡蛋清。每当她想起她的旧情人，这空寂的战场就会出现在她眼前。

而大众科学作者戴瓦·索贝尔（Dava Sobel）这样讲述经线的历史重要性——它确立了一种计量标准，让人类得以确定自己在地球上的位置：

The zero-degree parallel of latitude is fixed by the laws of nature, while the zero-degree meridian of longitude shifts like the sands of time. This difference makes finding latitude child's play, and turns the determination of longitude, especially at sea, into an adult dilemma – one that stumped the wisest minds of the world for the better part of human history. . . . For lack of a practical method of determining longitude, every great captain in the Age of Exploration became lost at sea despite the best available charts and compasses.[15]

零度纬线（与其他纬线）平行由自然规律决定，而零度经线则像沙漏中的沙子一般难以掌握。这种差异使得人们在寻找纬度时如玩儿童游戏般简单，而确定经度的定量，尤其是在海上确认经度变得困难重重，这困扰着人类史上最聪明的脑瓜们……因为缺乏一种确定经度的实用方法，哪怕带着最准确的地图和指南针，大航海时代的伟大船长们都会在海上迷失方向。

这几位作者告诉我们，具象的语言和抽象的想法相辅相成，它们并不矛盾。索贝尔的描述性段落中充斥着抽象名词："经度""纬度""平行""规律""自然""子午线""时间""差异""游戏""定量""困难""脑瓜""人类史""方法"（longitude、latitude、parallel、law、nature、meridian、time、difference、play、determination、dilemma、mind、history、method）。尽管如此，作者将这些晦涩的概念带入现实世界，使用了主动式动词"掌握""寻找""变得""困扰"（shift、find、turn、stump），贴近生活的比喻"沙漏中的沙子""儿童游戏"（sands of time、child's play），以及切合的例证"哪怕带着最准确的地图和指南针，大航海时代的伟大船长们都会在海上迷失方向"（every great captain in the Age of Exploration became lost at sea despite the best available charts and compasses）。作者策略性地使用了具象语言，让读者关注这条存在于想象中的线的历史作用。看看同一主旨的内容在另一位稍欠技巧的作者手里会变成什么样子：

Latitude is a naturally occurring measurement that can be determined by a simple calculation of equatorial displacement. Longitude, by contrast, is a man-made construct that depends on the arbitrary designation of a prime meridian and therefore cannot be measured using conventional astronomical instruments alone.

纬度是一种自然存在的量度方法，可以通过赤道位移的简单测算来确定。与其相反，经度则是一种人类创造的概念，取决于人为指定的本初子午线，因此不能仅仅依靠传统的天文仪器来测量。

表述清楚吗？毫无疑问是清楚的，但够吸引人吗？这就不见得了。

请注意，虽然这段文字使用了具象的语言，但索贝尔使用的名词更简洁有力，更富有变化，如"规律""自然""脑瓜""历史"和"时间"（law、nature、mind、history、time），而上文中的名词则略为笨重花哨，如"量度""测算""位移""人为指定"（measurement、calculation、displacement、designation）。当你想通过加后缀 ment 或 tion 来将动词用作名词时（如 confine → confinement，reflect → reflection），等于在消耗句子的核心精力。同样地，当把形容词（suspicious → suspiciousness）或具象名词（globe → globalisation）用作抽象名词时，句子就会变

名词浓度
31

得空泛而混乱。这就是为什么当你将其他句子成分用作名词（也就是所谓的"名词化"）时，就会变成我们在口语中所说的"僵尸名词"——它们会吸食文章的活力和精血。[16]

放弃使用"僵尸名词"，哪怕只是减少使用的次数，也能让你重新思考句子中的主语成分，以及自己的写作风格。在极端情况下，你可能得从打草稿开始将整篇文章从头写过。下面是一篇关于商业管理的学术论文摘录，其中充斥着臃肿的名词化用法。

The capacity of a decision unit to induce innovation implementation within an adoption unit is crucial to organizational success. Risk and complexity are characteristics of innovations that can lead to resistance within organizational adoption units. Communication costs, types of power, and communication channels are structural characteristics that can be used by a decision unit to overcome this resistance. The interaction of these factors can determine the degree of successful innovation implementation within organizations.[17]

决策单位在采用单位内促进创新实施的能力对组织的成功非常关键。风险性和复杂性是创新可能导致组织内采用单位产生阻力的两个特征。沟通成本、权力类型和交流渠道是决策单位可以用来克服这种阻力的结构特点。这些因素彼此间的作用力可以决定组织内创新实施的成功程度。

作者真正想要表达的是什么？从文章高度抽象的标题《交流和创新的实施》我们也看不出什么门道。别的成分也帮不上忙，比如抽象名词和复合名词短语"能力""成功""风险性""复杂性""特征""创新""阻力""类型""权力""作用力""因素""程度""组织""决策单位""创新实施""采用单位""沟通成本""交流渠道"（capacity、success、risk、complexity、characteristics、innovations、resistance、types、power、interaction、factors、degree、organizations、decision unit、innovation implementation、adoption unit、communication costs、communication channels），由名词衍生出的形容词"关键的""组织的""结构的"（crucial、organizational、structural），沉重的动词"促进""导致""决定"（induce、lead、determine）和成篇的 be 动词。这段话急需相当于胃束带手术程度的编辑。

如果我们丢弃大部分术语，将决策单位（decision unit）和采用单位（adoption unit）拟人化，并找到段落的重心，就可以得到一个简明扼要的关键句：

Organizations thrive on change; however, many employees resist new ideas that they perceive as too risky or complex. Successful managers break down such resistance by communicating with staff clearly and strategically.

组织因变革而茁壮成长；然而，许多员工会抵制他们认为过于冒险或复杂的新想法。成功的管理者需要清晰且战略性地与员工沟通，以此打破这种阻力。

这样一来，文字描述的是在真实场景中人们如何做出管理公司的决策，而不是"创新实施"（innovation implementation）这种机械的行为。具象名词"员工""管理者"（employees、managers）以及行为动词"抵制""认为""沟通""打破"（resist、perceive、communicate、break down）给为数不多的抽象关键词"想法""组织""阻力"（ideas、organization、resistance）增添了实感。并将单词数从 73 减至 31（58% 的降幅），我们得以在节省出来的空间中再添加一个例子，以佐证"沟通成本、权力类型和交流渠道"的结构化特征如何有助于组织内部的改变。

举例、类比及隐喻的手法可以将抽象的理论带进现实世界，如同莎士比亚的名句所说，这些手法可以"使它们具有如实的形象，空虚的无物也会有了居处和名字"[18]（朱生豪译）。举个例子，研究"宇宙大爆炸"的理论家乔治·斯穆特（George

Smoot）用溜冰场上的灰尘来比喻宇宙学者在研究宇宙本底辐射时所面临的挑战：

> We were looking for tiny variations in the smooth background temperatures, something less than one part in a hundred thousand – that is something like trying to spot a dust mote lying on a vast, smooth surface like a skating rink. And, just like a skating rink, there would be many irregularities on the surface that had nothing to do with those we sought.[19]
>
> 我们一直在平稳的本底温度中寻找微小变化，这些变化微小得不到十万分之一——就像试图在像溜冰场一样广阔而光滑的表面上寻找一粒尘埃。而且同溜冰场一样，这样的表面还存在许多不合规则的现象，与我们所寻求的东西毫不相干。

哲学家夸梅·安东尼·阿皮亚（Kwame Anthony Appiah）则创造了一个时间旅行宝宝来描述人类社会的普遍性：

> Our ancestors have been human for a very long time. If a normal baby girl born forty thousand years ago were kidnapped by a time traveler and raised in a normal family in New York, she would be ready for college in

eighteen years. She would learn English (along with – who knows? – Spanish or Chinese), understand trigonometry, follow baseball and pop music; she would probably want a pierced tongue and a couple of tattoos.[20]

我们的祖先成为人类已经有很长一段历史了。如果一个四万年前出生的小女孩被时空旅行者绑架,并在纽约的一个普通家庭长大,十八年后也到了该上大学的年纪。她应该学会了英语(可能还会西班牙语或者汉语什么的),她会懂得三角函数,会打棒球,会听流行音乐;她可能还会想穿个舌环,文几个文身。

随笔作家琼·迪迪恩(Joan Didion)用后巷、安眠药和不舒服的床所构建的场景来说明自欺行为带来的侵蚀性后果:

The tricks that work on others count for nothing in that very well-lit back alley where one keeps assignations with oneself: no winning smiles will do here, no prettily drawn list of good intentions. . . . To live without self-respect is to lie awake some night, beyond the reach of warm milk, Phenobarbital, and the sleeping hand on the coverlet. . . . However long we postpone it, we eventually lie down alone in that notoriously uncomfortable bed, the one we make ourselves.[21]

> 当一个人在亮堂的后巷里面对自己时，那些对别人起作用的伎俩在此完全失去了功效：这里没有动人的微笑，没有善意的掩饰……缺乏自尊的生活如同某个辗转反侧的夜晚，没有热乎乎的牛奶，没有安眠药，也没有人轻拍着被子伴你入眠……无论我们回避多久，我们总要独自睡在这张不舒适的床上，而铺床的人正是我们自己。

在阅读完本章后，如果你仍对具象语言能带来的情感影响存有怀疑，可以试着到一所典型的高中听一场校长的毕业致辞（"我们鼓励学生追求卓越，发挥出自己最大的潜力"之类的话），然后再回家听听马丁·路德·金在1963年炽热的8月，于华盛顿林肯纪念堂的台阶上发表的"我有一个梦想"演讲。在演讲的前半段，金先大声宣读了委员会准备好的讲稿，但随后他说出了下面这个充斥着名词化名词的句子：

> And so today, let us go back to our communities as members of the international association for the advancement of creative dissatisfaction.[22]
> 所以今天，让我们做回这个国际协会的一员，为消除日益增长的不满做出贡献。

在这里,金放下了他的讲稿,同时也放下了那些抽象的语言:

I have a dream that one day on the red hills of Georgia, the sons of former slaves and the sons of former slave owners will be able to sit down at the table of brotherhood. I have a dream that one day even the state of Mississippi, a state sweltering with the heat of injustice, sweltering with the heat of oppression, will be transformed into an oasis of freedom and justice. I have a dream that my four little children will one day live in a nation where they will not be judged by the color of their skin but by the content of their character.

我梦想有一天,在佐治亚的红山上,昔日奴隶的儿子将能够和昔日奴隶主的儿子坐在一起,共叙兄弟情谊。我梦想有一天,甚至连密西西比州这个正义匿迹,压迫成风,如同沙漠般的地方,也将变成自由和正义的绿洲。我梦想有一天,我的四个孩子将在一个不是以他们的肤色,而是以他们的品格优劣来评价他们的国度里生活。

在金理想中的后种族美国社会里,多的是让人难以理解的概念,如"兄弟情谊""压迫""自由""正义""品格"(brotherhood、oppression、freedom、justice、character);他为这些概念赋予了现实的形态,融合了人类的特质:"红山""桌子""沙漠""绿洲""我的四个孩子""他们的肤色"（red hills、table、heat、oasis、my four little children、the color of their skin）。这就是为什么金的讲话与那些典型的高中校长或者政治家的陈词滥调不同，直至今天仍能在我们的耳边和心中回响。

练 习

接下来的练习将锻炼你使用具象语言的能力,为你的文章增加名词的浓度。

语法鉴定

罗列带有名词化现象的抽象名词。接下来,试着找出这些名词原本的词性,你会发现这些词大部分来自动词或形容词,或者兼具两种词性。

例:

participation (noun) → **participate** (verb)

参与(名词)→ **参与**(动词)

conservatism (noun) → **conservative** (adjective) → **conserve** (verb)

保守主义(名词)→ **保守的**(形容词)→ **保守**(动词)

activity (noun) → **active** (adjective) → **act** (verb/noun)

活动(名词)→ **活跃的**(形容词)→ **行动**(动词/名词)

engagement (noun) → **engage** (verb)
承诺（名词）→ **承诺**（动词）

surveillance (noun) → **survey** (verb)
调查（名词）→ **调查**（动词）

excellence (noun) → **excellent** (adjective) → **excel** (verb)
卓越（名词）→ **卓越的**（形容词）→ **超越**（动词）

然后用两个以上抽象名词造句。

例：

The children demonstrated their **engagement** through their **participation** in a range of **activities**.
孩子们通过参与一系列活动表现出他们的承诺。

试着将同样的信息更具象地表达出来，可以将其中的一些名词转换成动词或形容词，或将抽象语言转换成具象的语言：

The children engaged in many different activities.
孩子们参与了一系列活动。

The children played games, sang songs and told stories.
孩子们玩游戏、唱歌并讲故事。

抽象和具象的反复练习

在白纸上写下一个抽象名词,然后画个椭圆形将其圈起来,再向外画六条或以上的直线。在每条线上写下一个对这个抽象名词的具象描述。

例:

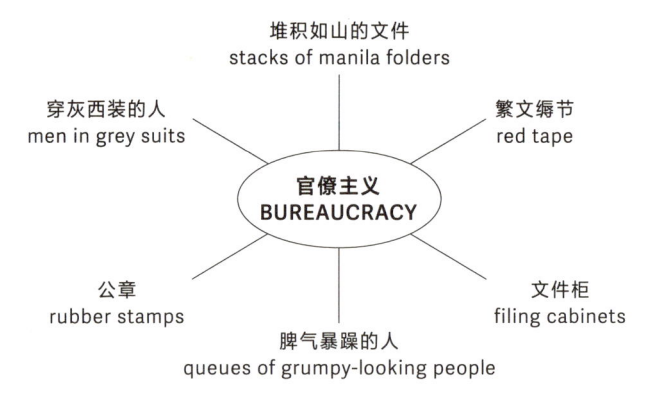

堆积如山的文件
stacks of manila folders

穿灰西装的人
men in grey suits

繁文缛节
red tape

官僚主义
BUREAUCRACY

公章
rubber stamps

文件柜
filing cabinets

脾气暴躁的人
queues of grumpy-looking people

重复该练习,将一个具象名词放在圆圈中间,用抽象名词描述它。

例：

```
        温暖
        warmth
毁灭                   愤怒
destruction            anger
          ( 火焰 )
          ( FIRE )
热情                    净化
passion                purification
        启示
        enlightenment
```

  通过这样的练习，你会发现所有想法和情感都能以具象的形象表达。同样地，具象名词也可能引起非常广泛的抽象意象。优秀的作家懂得探索抽象语言与具象语言间的关系，通过两者间的灵活转换来保持读者的注意力。

写作健康测试　例2

How are names for new disciplinary fields coined? Here a new (and fun) way to look at the history of such coinages is proposed, focusing on how phonesthemic tints and taints figure in decisions to adopt one type of suffix rather than another. The most common suffixes used in such coinages ('-logy,' '-ics,' etc.) convey semantic and evaluative content quite unpredictable from literal (root) meanings alone. Pharmaceutical manufacturers have long grasped the point, but historians have paid little attention to how suffixes of one sort or another become productive. A romp through examples from English shows that certain suffixes have become 'hard' or 'soft' in consequence of the status of their most prominent carrier disciplines.[23]

　　如何创造一个新学科领域的新词？这里有一种观察这些新词历史的全新（同时也是有趣的）方式，重点是联觉音组的好坏如何影响人们的决定，让他们选择某一种而非另一种后缀。与单纯文字（词根）的意义相比，在这些新词中使用的最常见的后缀（"-logy""-ics"等）所传达的语义和可评估的内容是无法预测的。医药制造商早已掌握这一点，但历史学家们却很少将关注点放在林林总总的后缀如何起效这个问题上。从英语的例子里可以轻易得出这样的结论,由于某些词缀所属的领域变得强势,这些后缀变得更"硬气"或更"软骨"。

写作健康报告:

动词	健美
名词	健美
介词	需要加强
形容词和副词	需要加强
"废词"	健美
总评	**匀称健康**

评语:在这个来自学术期刊的精彩文段中,历史学家罗伯特·普罗克特(Robert Proctor)穿插使用着"僵尸名词"如"决定""关注点""结论"(decisions、attention、consequence)和不寻常的名词"好坏""轻易"(tint、taint、romp)。行为动词"观察""影响""掌握"(look、figure、grasp)进一步提供了能量和活力,而较难理解的学术形容词诸如"学科领域的""联觉音组的""语

义的""可评估的"（disciplinary、phonesthemic、semantic、evaluative）搭配易于理解的词语"全新""硬气""软骨"（new、hard、soft），读起来感觉更柔顺适宜，甚至称得上是"有趣的"。

3.
介词过剩

本章要点:
- 除非是为了达到特定修辞效果, 否则请避免在一句话中使用超过三个介词短语。反例: in a letter to the author of a book about birds (在给一本关于鸟类的书的作者的信中)。
- 丰富介词的用法。
- 通常来说, 名词及其附属动词的间隔不宜超过 12 个词。

    名词和动词如同句子的砖瓦, 这之间又怎能缺少介词接合? 如果没有像 in 或 on 这样的小接续词帮助我们定位句子中的成分, 句子便难以传达其意。试写一个不包含介词的句子, 你会感觉束手束脚, 难以施展。这是为何? 这是因为介词能扩展句子的意思, 它们如锁套一般将新的名词连接在一起, 并将动词定向给这些名词。

然而,若是介词过于烦杂,就会让句子也变得冗余。理查德·A.拉纳姆在他的著作《散文编辑》中表示:

> Two prepositional phrases in a row turn on a warning light, three make a problem, and four invite disaster... The **of** strings are the worst of all. They seem to reenact a series of hiccups.[24]
>
> 一句话若出现两个介词就该敲响警钟了,三个介词则是病句,四个介词就是场灾难……若连续出现 of,那更是雪上加霜,读起来就像一边打嗝一边说话。

这也就是为什么下面这个句子读着会让人有云里雾里的感觉:

> An abandonment **of** the contemporary vision **of** a community **of** practice grounded **in** the experience **of** teachers.
>
> 基于教师经验的当代视野的社区的实践的摒弃。

你是否读过这种包含着一系列语法成分中的小词组并由各种介词混杂着不同种类的名词成分来表达中心思想的段落?或

者某些时候，你感觉自己迷失在天花乱坠的句子中被扯得不知所终，游荡在一个接一个话题的迷雾中，时而攀爬上辞藻的高峰，时而摔落至反思的深谷；你被催促着穿越层层叠叠的观点，直到踉跄抵达句子的终点，脱离介词的苦海。若你能感同身受，那么你就能理解烦冗的介词会让句子变得多么晦涩枯燥。

让我们来仔细分析一下上一段的这两个长句。在第一句中，平白的介词让一句本来就乏味的句子变得更难以下咽，如同往烤花椰菜上浇白酱汁，白上加白。

> Have you ever read a paragraph that consists of lots of little phrases arranged in a series of grammatical units in which the main ideas have been constructed from an assortment of prepositions paired with lots of different kinds of nouns?
>
> 你是否读过这种包含着一系列语法成分中的小词组并由各种介词混杂着不同种类的名词成分来表达中心思想的段落？

当烦杂的静态介词（of、in、from、with）连着一串抽象名词"段落""词组""系列""成分""各种""介词""种类""名词"（paragraph、phrases、series、units、assortment、prepositions、kinds、nouns）时，我们的句子会变得冗长而啰唆，

但实际传达的意思却很少。下面的学术文段中也有不少这种问题：

> The use of cybernetics for this purpose is not obvious, because cybernetics – a science first developed in the 40s and 50s in the U.S. by Norbert Wiener and John von Neumann – implied to many critics in the socialist world an abandonment of the Marxist vision of a practice based in the experience of class struggle in favour of 'systemneutral', 'value-free' technocratic reason.[25]
>
> 控制论在该用途的应用并不明显，因为控制论这门由诺伯特·维纳和约翰·冯·诺依曼发展于四五十年代的美国的科学，对于社会主义世界的许多批评者来说隐含着对马克思主义价值观的摒弃，因为这种观点的实践建立在阶级斗争经验的基础上，出于支持"制度中立""无价值"等技术专家政治论的理由。

这段话中有五个重复使用的介词（of、for、in、by、to），通过这些介词，作者将许多抽象名词如"应用""控制论""用途""科学""摒弃""价值观""实践""经验""斗争""理由"（use、cybernetics、purpose、science、abandonment、vision、practice、experience、struggle、reason）塞进这段话中。烦冗的介词让读者感觉困惑难懂，难以顺畅理解文章的意思。

我们再来看第二句话，情形恰好相反，它展示了如何利用动态定向介词引领读者：

> Or perhaps at some point you have lost your way in a sentence that seemed to drag on and on, wending its way past one topic after another, toiling up high rhetorical slopes, plunging down into valleys of introspection, urging you along through a series of insights until at last you staggered across the finish line and out of the prepositional mire?
>
> 或者某些时候，你感觉自己迷失在天花乱坠的句子中被扯得不知所终，游荡在一个接一个话题的迷雾中，时而攀爬上辞藻的高峰，时而摔落至反思的深谷；你被催促着穿越层层叠叠的观点，直到踉跄抵达句子的终点，脱离介词的苦海。

在这句话里，俗套的辞藻暗喻和夸张的修辞占了大半篇幅，很难说这种句子写得好，因为它让人觉得华而不实。但是，它的确不失幽默，用打趣的语调取笑像它一样漫无边际、让人晕头转向的句子。注意这句话中丰富的介词，如"at、in、on、past、after、up、down、into、of、along、through、until、across、out"，它们与名词、动词及其他短语搭配，为这个句子注入了活力：句中有丰富的 ing 动词如"游荡""攀爬""摔落""催促"

（wending、toiling、plunging、urging），还有其他行为动词如"迷失""扯""踉跄"（lost、drag、staggered），它们与抽象观念"话题""反思""观点"（topic、introspection、effort）绑在一起，并与具体的意象"高峰""深谷""终点""苦海"（slopes、valleys、finish line、mire）结合。由此，读者得以消化像这样的超长句，并在脑海中构建出一幅生动的图像。

有些个人风格鲜明的作家会利用介词在叙事中营造一种悬念，模拟出历史感，或加强空间感。诗人米歇尔·莱格特（Michele Leggott）将不同的介词贯穿于描写古巴比伦建筑的诗中，字里行间洋溢着如史诗吟诵般的空间感：

city of delights now I walk barefoot
on the glazed bricks of Babylon
through white daisies on high walls
among rippling yellow lions
in tanks of blue protective grace
to the catastrophe of Light beyond
the Ishtar Gate[26]

欢愉之城中我赤脚而行
于巴比伦闪耀的砖石上
穿越高墙上的白色雏菊
经过雄狮的金鬃波浪

在慈爱的蔚蓝恩典之下
直至光明的覆灭之后
那伊什塔尔门

除此之外,当莱格特想表达另一种混沌之感时,她选择不用任何介词:

signature pink, leap
bodily the helix enough
doubled erotic or singing to
say I am energy make
certain my best feints dab
your ever, this is me[27]

标记性粉红,跳跃
全身足够扭曲
加倍性感或放声歌唱
说我是精力所造
涂抹最好装腔作势
你的永远,这就是我

从这两段可以看出,一个自信的作者是变化多样的,就像选择截然不同的食谱搭配饮食:早餐吃什锦谷物麦片配酸奶,午餐来个草莓配香槟,晚餐则是炸鱼和薯条。

在学术写作中,当作者过于热切地将不同观点一股脑儿混杂在一起时,介词就会成为问题。如下面的例子,来自一个文学研究期刊的同行评审文段:

> A number of artists, most of them with French connections, but with little else in common than their deep involvement in visual interpretations of literary masterpieces, have provided new settings for, and found new meanings in, Gertrude Stein's often hermetic texts.[28]
>
> 很多艺术家——他们大部分有法国背景,但除了曾深入参与过名著的视觉解读外,毫无共同点——对于格特鲁德·斯坦通常很晦涩的文本提供了新场景,并在其中找到了新含义。

这个隐晦的句子包含许多介词短语和从属的子句,导致主语名词及其搭配的动词间隔过长,反而稀释了句子的活力。确实,该句在主语和其伴随动词间夹了7个介词(of、of、with、with、in、in、of)。若去掉这些从属子句,这句话会清楚很多:

A number of artists have provided new settings for, and found new meanings in, Gertrude Stein's often hermetic texts.

很多艺术家为格特鲁德·斯坦通常很晦涩的文本提供了新场景，并在其中找到了新含义。

即便如此，修改后的版本比起原版仍缺少一些细节、韵律和微妙性。作者或许需要在两者之间寻找平衡点：在不改变原文长度和信息量的情况下，拉近主语和动词。

一些读者，特别是那些在阅读语法复杂的学术论文方面受过训练、拥有高智力耐力的读者，可以延伸他们的注意力范围，适应在主语和动词之间再插入 20 个词左右的情况。就像你刚读过的这句一样：

Some **readers**, especially those with a high level of intellectual stamina who have been trained in the consumption of syntactically complex academic prose, **can stretch** their attention span to accommodate, say, twenty or more words between subject and verb.

一些读者，特别是那些在阅读语法复杂的学术论文方面受过训练、拥有高智力耐力的读者，可以延伸他们的注意力范围，适应在主语和动词之间再插入 20 个词左右的情况。

然而，很少有凡人可以应付类似学术期刊《后现代文化》中这种带有烦冗语法结构的句子：

> The **possibility** that the 'man', whose being seems so self-evident and whose nature provides the object of modern knowledge and the human sciences, will one day be erased as a figure in thought **is** precisely what Foucault's genealogy of the human sciences in *The Order of Things* sets out to entertain.[29]
>
> 有这种可能性，即尽管"人"的存在看起来如此不言而喻，为自然带来了现代知识和人类科学，在某一天也有可能作为一个物象被抹去，这种想法正是福柯在《事物的秩序》中提出的人类科学谱系有趣的地方。

在该句高度抽象的主语"可能性"（possibility）和 be 动词（is）之间塞着不少于 31 个词。具象主语和主动动词可以帮助这样臃肿的文章摆脱肥胖，但更严重的问题是拦在名词和动词间的这道鸿沟。为避免这种障碍重重的语法结构，许多作者选择遵循"活力12"准则：主语和动词不宜间隔超过 12 个词，除非有非这样做不可的理由。

一些有经验的学者可能会犯介词过剩的毛病，而一些信心

不足的作者则可能介词营养不良。请思考下面这段话,它摘自高中历史课上一名学生的文章:

> Many factors caused the United States to declare war upon Mexico. For example, the two nations spoke different languages and had different religions. The United States was full of energy and trying to expand. Mexico had little unity, was sparsely populated, and was weakened due to an oppressive upper class. The American mind was thinking about Manifest Destiny, and Mexico had control over Texas, California, and New Mexico.
>
> 美国向墨西哥宣战的原因有很多。例如两国讲的语言不同,宗教也不同。美国活力充沛并试图扩张其国土。墨西哥不怎么团结,人口稀少,并且受上层阶级的压迫和削弱。美国人考虑的是"天定命运"(19世纪的一种思潮,呼吁扩张美国在北美洲的领土,加强在政治经济等方面的影响。——译者注),而墨西哥则控制着得克萨斯州、加利福尼亚州和新墨西哥州。

这段文字简洁明了,完全没有累赘的地方——但读起来非常无聊。每句话都包含一个主语、一个动词、一个宾语、一两个介词短语以及其他小成分。描述性动词的确可以让句子活跃起来,这在前文的许多例子已有体现;有摆放得当的形容词,也有一些介词短语。但如同这个例子所示，简洁的风格并不能保证优雅的行文和鲜明的观点。事实上，过度经济简短的文章也可能是语言匮乏的信号。

介词为静态的语言增添了动作和指向性。它们可以指示名词的位置，如"地毯里的虫子"（a bug in the rug），"垫子上的猫"（a cat on the mat）；也可以表示不同的动作如"关进、关在、关上、关住"（shut in、shut out、shut off、shut up）。试想能否去掉这些著名标题中的介词：《回到未来》(*Back to the Future*)，《来自俄罗斯的爱情》(*From Russia with Love*)，《岸上风云》(*On the Waterfront*)，《在那遥远的地方》(*Outside over There*)，《爱丽丝镜中奇遇记》(*Through the Looking-Glass*)，《到灯塔去》(*To the Lighthouse*)。

当有较为保守的编辑建议温斯顿·丘吉尔（Winston Churchill）不要在句末使用介词时，据说他是这么反驳的："无稽之谈！"（That is sort of nonsense up with which I will not put!）丘吉尔通过嘲笑该编辑的"金科玉律"来表达自己对介词的坚定态度。因此不管我们是否喜欢介词，都不能轻易将它们撇开。

练 习

以下练习可以帮你摆脱介词过剩,加强名词与动词间的联系。

介词活力

找到自己写的一两页文章,标出其中所有的介词,然后问问自己以下几个问题:

你有没有在一行里使用超过三个介词?反例:a book **of** case studies **about** the efficacy **of** involving multiple stakeholders **in** discussions **about** health care(一本由多个利益相关者参与讨论的关于医疗保健有效性的案例研究书)。

你使用的介词是动态的还是静态的?也就是说,这些介词是表示某种动作(through、onto、from),还是强调现状(in、of、by)?

你的介词用法是丰富,还是反复使用同样的两三个词?

试着让自己的文章变得更通顺流畅。比如,尝试将一长串介词词组缩短,或者将静态介词替换为动态介词,或者确保每个段落出现"of"的次数不超过三次。

牛郎织女

虽然名词和动词可以隔着很远的距离相互呼应,但它们在近距离内的运作最为和谐。从自己的作品中选取一两段,确定每个句子的主语及其接续动词。你是否发现任何句子的主语和动词相隔超过了 12 个词?如果是,请尝试改写这些句子,让它们的名词和动词携手并进。

> **例:**
>
> The **nub** of the issue, which philosophers in earlier centuries tended to dismiss as irrelevant, but which recent thinkers have come to regard as the centrepiece of our awareness of ourselves as human beings, **depends** on whether or not we are willing to accept a world without God.
>
> 这个问题的核心,早几个世纪的哲学家倾向于认为它是无关紧要的,但是最近的思想家们认为它是我们认识自己作为人类的中心观念,这取决于我们是否愿意接受一个没有神的世界。

上面这个句子的主语"核心"(nub)和其接续动词"取决"(depends)之间相隔了 32 个词。当我们将主语和动词重新组合成三个较短的句子（再顺便去掉一些介词短语）时，最终会得到一个更整洁、更清晰的文段：

> The nub of the issue depends on our willingness to accept a world without God. In earlier centuries, philosophers tended to dismiss this issue as irrelevant. Recent thinkers, however, have come to regard it as the centrepiece of human self-awareness.
>
> 这个问题的核心取决于我们是否愿意接受一个没有神的世界。几个世纪前，哲学家们倾向于认为这个问题无关紧要，但是最近的思想家们却将其视为人类自我意识的核心。

然而，修订后的版本也揭示了原句的一个致命缺陷："核心"和"取决"实际上并不能很好地搭配在一起。核心可以取决于任何东西吗？细致的作者便会重新思考并重写整个段落。

写作健康测试 例 3

The switch from the axis of presence and absence to the axis of pattern and randomness helps to explain one of the oddest dynamics in this odd poem: the recurrent whisking of characters through switchpoints between contexts. Such transfers occur in a spark or a flash: the glance exchanged by Helen and Achilles at Troy, the blast as Helen vanishes down a set of spiral stairs during the fall of Troy, the flash in the heavens on the beach in Egypt. In each of these moments, we are asked to imagine the transmission of patterns from one context to another.[30]

　　从以显现和隐藏为轴心到以模式化和随机性为轴心，这种转换有助于解释这首怪诗中最奇怪的动态之一：通过上下文间的开关点进行角色的快速切换。这种切换发生在电光石火之间：海伦和阿喀琉斯在特洛伊互相交换的目光，特洛伊沦陷期间海伦消失在螺旋楼梯间时的大爆炸，埃及海滩上空的闪光。在每一个瞬间，我们都被要求进行上下文模式化转换的想象。

写作健康报告：

动词	健美
名词	匀称健康
介词	健康警报
形容词和副词	健美
"废词"	健美
总评	**超重**

评语： 在文学评论家阿德莱德·莫里斯（Adalaide Morris）的这段话中，多个介词创造出一种位移感，并将具象名词——"开关点""电光石火""闪光""目光""海伦""阿喀琉斯""特洛伊""大爆炸""楼梯""上空""海滩""埃及"（switchpoints、spark、flash、glance、Helen、Achilles、Troy、blast、stairs、heavens、beach、Egypt）——联系在一起，体现了"显现和隐藏"（presence and absence）、"模式化和随机性"（pattern and randomness）这种抽象的概念。由于作者使用的介词有明确的结构性目的，她可以放心地忽略在此类别中的"健康警报"并保持原文不变。

4.
形容词副词上瘾症

本章要点：
- 让具象名词和行为动词来承担描述句子的主要责任。
- 只有当形容词和副词能为句子带来新信息时才使用它们。
- 避免过量使用"学术形容词"，特别是带明显后缀的（able、ac、al、ant、ary、ent、ful、ible、ic、ive、less、ous）。

小学老师经常鼓励自己的学生在写作时多使用"活灵活现的词语"，就是加上大量形容词和副词。因此，一只猫便不可避免地成了"一只匍匐前进的猫"或"一只神秘的猫"，又或者"一只毛茸茸的猫"。不可否认，恰当地使用形容词能为句子增色不少。但塞满"人工添加剂"的句子在文章中的作用，就如同饮食中的奶油酱或糖霜蛋糕：尽管它们看起来美味诱人，却不能为你提供真正的营养。

形容词和副词不能独立存在。形容词总是修饰名词或代名词（**美好的**一天；我很**快乐**），而副词则修饰动词（**轻轻地**弹奏）、形容词（**特别**害羞的）或其他副词（**非常**缓慢地）。形容词和副词可以为我们的写作增添色彩和风味，它们帮助我们抒发情感、描述外表和定义性格。但有些时候，它们也会给缺乏行为动词和具象名词的弱句披上华而不实的糖衣。

就像喜鹊会被闪闪发亮的东西吸引一般，新手作者会发现自己容易被形容词或副词所吸引，错误地认为形容词可以为他们的写作增添光彩和亮点。例如，这位大学生创作的有关印度女性生活的故事，其中包含的形容词和副词几乎与名词一样多：

> As Reva carefully opened the temple door, she noticed the bright light filter in from the hot afternoon sun. The slight woman placed a small, brightly colored package of food on the ground and began to pray to Shiva, the destroyer and regenerator. Underneath her ghungat, Reva felt the sweat trickle down her tanned neck and off her blackened brow. She felt faint, to think of her upcoming fate.

> 当瑞瓦小心翼翼地打开寺庙的门时,她注意到炽热的午后阳光滤下明亮的光线。这个纤瘦的女人在地上放下一小包颜色鲜艳的食物,然后开始向毁灭与重生之神湿婆祈祷。在她的面纱下,瑞瓦感觉到汗水正从她变黑的眉毛淌下,流向她晒得黝黑的脖子。想到自己即将面临的命运,她感到十分无力。

文段中的某些形容词和副词确实为故事增添了重要的视觉细节,例如**"纤瘦的"**(slight)和**"颜色鲜艳的"**(brightly colored)——但其他都是徒增卡路里的成分。作者真的需要告诉我们光线是明亮的且阳光是炽热的吗?又或是瑞瓦的脖子被晒黑了而且眉毛变黑了?这段话真正的力量迸发自其中的行为动词和具象名词,这些词语直观地展现了文段的内容,而不是告诉我们如何去感受。一个女人轻轻推开一间寺庙的门;她把祭祀的食物放在地上,并向一尊圣像祈祷;汗水从她的脸上滑落。而那些形容词和副词,如"小心翼翼地""明亮的""炽热的""小""黝黑的""变黑的"(carefully、bright、hot、small、tanned、blackened)并没有为文章增添风采,反而起了负面效果。

熟练的作家能够使用非常少的形容词来达到设置场景、描绘角色或传递情感的目的。来看看小说家格伦·戴维·戈尔德

（Glen David Gold）如何描述一位 20 世纪早期的魔术师变幻莫测的表演：

> Carter moved to the back of the house when Mysterioso's end-of-the-bill program began. After much to-do by stilt-walkers and fire-eaters, a trio of bloodthirsty Indians rushed from the wings with hatchets. Just as the performers looked as if they would be scalped, Mysterioso appeared on horseback, waving the American flag and shouting. He swung his cavalry saber, beheading one man and, using a rope that seemed to defy gravity, stringing another up from the rafters. The third Indian managed to manacle Mysterioso and escape with a beautiful woman. A volunteer was called onstage to check the handcuffs and see if it were possible for the magician to escape from them. But regardless of how the volunteer tugged and twisted, the network of handcuffs and chains was seemingly impossible to escape. Seconds later, however, the magician managed to shrug off the bonds, mount his horse, and swear revenge.[31]

> 卡特去了后台，准备开始神秘大师的"终极表演"。在高跷演员和吞火演员轮番表演后，三名凶残的印第安人挥舞着短斧从两翼冲了出来。就在这些表演者看起来将被生吞活剥时，神秘大师出现在马背上，他一边挥舞美国国旗一边喊叫着。他挥动自己的佩剑将其中一人斩首，随后抄起一条看似反重力的绳索

将另一人甩上房梁。而第三个印第安人成功地铐住了大师,并带着一名美女逃离。这时一名志愿者被请上舞台检查手铐,看魔术师是否有可能逃脱。但无论志愿者如何拉扯拧动,手铐和链条都紧紧相连,看上去无法挣逃。然而几秒钟后,这位魔术师便设法挣脱了束缚,翻身上马,立下复仇的誓言。

除了"凶残的""成功地""不可能的""可能的"(bloodthirsty、beautiful、impossible、possible)外,戈尔德的小说《魔术师卡特》中的这段动作场景描写几乎没有使用任何形容词和副词。取而代之的是充满活力的动词"冲""生吞活剥""挥舞""斩首""铐住""逃离""拉扯""拧动""挣脱""翻身上马"(rush、scalp、swing、behead、manacle、escape、tug、twist、shrug、mount)和华丽的名词"高跷演员""吞火演员""短斧""佩剑""房梁""魔术师""手铐""链条"(stilt-walkers、fire-eaters、hatchets、saber、rafter、magician、handcuffs、chains),它们在描述场景时起到了主要作用。

请看以下两个段落:第一段取自某个学生诗歌创作网站,第二段来自莎士比亚的《暴风雨》中卡利班说的话。它们分别体现了作者对待形容词和副词的两种截然不同的态度:

学生作品：

The blackened embers of long dead fires
Of the torches strapped to iron spires
The guard house stands silent, still
The shambled porticulus of broken will
The rotted drawbridge, to the front door
Made of oaken slats, held with iron and ore.

熄灭已久的火焰的黑色余烬
绑在铁尖顶上的火炬
岗哨沉默地站在原地
随破碎的意志摇晃的吊门
从腐烂的吊桥到前门
它们由橡木板条制成，由铁和矿石加固。

莎士比亚作品：

All the infections that the sun sucks up
From bogs, fens, flats, on Prosper fall, and make him
By inch-meal a disease! His spirits hear me,
And yet I needs must curse. But they'll nor pinch,
Fright me with urchin-shows, pitch me i' the mire,
Nor lead me, like a firebrand, in the dark
Out of my way, unless he bid 'em.[32]

太阳从泥沼、污泽、浅滩，摄取起来的一切的毒疫，
都降在普罗斯帕罗头上，令他浑身一寸一寸的生疮！

虽然他手下的精灵能听见我，我还是诅咒他。
不过除非他命令他们，他们是不掐我的，
不变厉鬼吓我，不把我陷在泥里，
也不像鬼火似的在昏暗中引我迷路。
（梁实秋译）

请注意这位学生诗人是多么热切地堆砌形容词，提供多余的信息，而这些信息读者本就可以从它们修饰的名词中推断出来："**黑色**余烬"（**blackened** embers），"**熄灭已久的**火焰"（**long dead** fires），"**铁尖**顶"（**iron** spires），"**摇晃的**吊门"（**shambled** porticulus），"**破碎的**意志"（**broken** will），"**腐烂的**吊桥"（**rotted** drawbridge），"**橡木**板条"（**oaken** slats）。相比之下，卡利班的申诉则充满生动的动词，比如"摄取""降""令""听见""诅咒""掐""吓""陷""引""命令"（suck、fall、make、hear、curse、pinch、fright、pitch、lead、bid），以及同样令人印象深刻的名词，如"毒疫""太阳""泥沼""污泽""浅滩""一寸一寸""生疮""精灵""厉鬼""泥""鬼火""昏暗""路"（infections、sun、bogs、fens、flats、inch-meal、disease、spirits、urchin-shows、mire、firebrand、dark、way），它们提供了我们所需的全部能量和情感。

形容词副词上瘾症

记者们通常可以根据内容、上下文和个人风格灵活取舍形容词和副词。但当你翻阅周日报纸的房地产版块时，依旧可以发现形容词狂奔的身影：

Some extra special features like the scullery off the kitchen are interesting touches which add distinct style. Muted colours, contemporary 'washed' timber floors, split doors, elegant furnishings and high-quality fittings feature throughout.

一些格外特别的功能（如厨房外的洗碗间）是非常有趣的点缀，可以增加独特的风格。室内色彩柔和，设有现代"水洗式"木地板、分体式房门、典雅的家具和高品质配置。

这则过于浮夸的广告向我们展示了为什么形容词和副词有时在严肃的作家眼中不讨好。与名词一样，形容词和副词可以传达具体或抽象的信息。例如，我们可以想象柔和的色彩，想象步入分体式房门，但不能看到、感觉或触摸诸如"格外特别""非常有趣""独特""现代""典雅""高品质"（extra special、interesting、distinct、contemporary、elegant、high-quality）这些特性。广告的作者努力说服我们喜欢上这所房子。然而，许多读者本能地不信任这些只提供空洞陈词滥调而非有用事实的作者。

同样地，在学术写作中，形容词和副词有时也不能起到润色的作用，反而让文章显得杂乱无章，不但做不到精准描述，还带来冗词赘句：

> Developing an accurate understanding of the multiple factors influencing students' outcomes, and particularly the role of specific community college practices in this process, is crucial if institutional and state leaders seek to improve educational attainment of community college students.[33]
>
> 要准确地理解影响学生学习成果的多种因素，特别是特定的社区大学实践在其中起到的作用。对于试图提高社区大学学生的受教育水平的机构和国家级领导人来说，这是至关重要的。

在这段高等教育研究期刊的摘录中，由"准确地""多种""特定的""至关重要的""机构的""国家级"和"受教育"（accurate、multiple、specific、crucial、institutional、state、educational）等形容词和副词堆叠出来的语句难以给人留下深刻印象。就像它们的表兄弟"僵尸名词"一样，学术性的形容词和副词有明显的识别特征（able、ac、al、ant、ary、ent、ful、ible、ic、ive、less、ous），并且倾向于蚕食其他词语

（specify → specific, institute → institution → institutional）。虽然像"中等教育"（**secondary** education）和"宪政政府"（**constitutional** government）这样的短语同样使用抽象名词来传达关键概念；但是，如果不增加视觉细节和贴近生活的例子，学术性形容词和副词千篇一律的腔调可能会让读者昏昏欲睡。

至此你大概已经被说服了，并准备在写作中放弃使用所有形容词和副词。现在我们来让这个问题变得更复杂一点吧。想象一下，如果夺去弗拉基米尔·纳博科夫（Vladimir Nabokov）在《洛丽塔》中的所有华丽形容词：

> There are two kinds of **visual** memory: one when you **skillfully** recreate an image in the laboratory of your mind, with your eyes **open** (and then I see Annabel in such **general** terms as: 'honey-colored' skin','**thin** arms','**brown bobbed** hair','**long** lashes','**big bright** mouth'); and the other when you **instantly** evoke, with **shut** eyes, on the **dark** innerside of your eyelids, the **objective**, **absolutely optical** replica of a **beloved** face, a **little** ghost in **natural** colors.[34]

> 视觉记忆有两种类型：一种是睁着眼睛，巧妙地在脑内实验室中重建一幅图像（于是我会用这些笼统的词语形容安娜贝尔："蜜色的皮肤""纤细的手臂""棕色的头发""长长的睫毛""丰盈的嘴巴"）；而另一种则是当你闭眼时立即浮现的画

面，在黑暗的眼睑内侧那个活灵活现的绝对光学复制品，那张心爱的脸，那个有着自然色彩的小精灵。

或者删掉莎士比亚的《罗密欧与朱丽叶》里，罗密欧独白中的这些形容词和副词：

But **soft**! What light through **yonder** window breaks?
It is the East, and Juliet is the sun!
Arise, **fair** sun, and kill the **envious** moon
Who is **already sick** and **pale** with grief
That thou her maid art **far more fair** than she.
Be not her maid, since she is **envious**.
Her **vestal** livery is but **sick** and **green**,
And none but fools do wear it.[35]

轻声！那边窗子里亮起来的是什么光？
那就是东方，朱丽叶就是太阳！
起来吧，美丽的太阳！赶走那妒忌的月亮，
她因为她的女弟子比她美得多，
已经气得面色惨白了。
既然她这样妒忌着你，你不要忠于她吧；
脱下她给你的这一身惨绿色的贞女的道服，
它是只配给愚人穿的。
（朱生豪译）

又或是去掉理查德·道金斯（Richard Dawkins）为同行科学家W. D.汉密尔顿（W. D. Hamilton）撰写的优雅讣告中的副词：

> An ingenious theory exists, **widely** attributed to an author whom I shall call X. Hamilton and I were once talking termites, and he spoke **favourably** of X's theory. 'But Bill', I protested, 'That isn't X's theory. It's your theory. You thought of it first'. He **gloomily** denied it, so I asked him to wait while I ran to the library. I returned with a bound journal volume and shoved under his nose his own **discreetly** buried paragraph on termites. **Eeyorishly**, he conceded that, yes, it did appear to be his own theory after all, but X had explained it much better. In a world where scientists vie for priority, Hamilton was **endearingly** unique.[36]

> 有一个独创性的理论，广泛地归因于一位作者，我称他为X。有一次，汉密尔顿正和我讨论着白蚁，他对X的理论赞不绝口。"但是比尔，"我抗议道，"这不是X的理论，这是你的理论，是你先想到的。"他沮丧地否认了，所以我让他等着，然后跑去图书馆拿了一本期刊合订本回来塞到他的鼻子下面，让他看看自己那篇默默无闻地藏在角落的关于白蚁的文章。最终他"垂书丧气地"承认了，没错，那确实是他自己的理论，但X解释得更好。在这个科学家为了优先权你争我抢的世界里，汉密尔顿是如此讨人喜欢地独特。

诸如"沮丧地""默默无闻地""讨人喜欢地"（gloomily、discreetly、endearingly）等副词让我们得以洞察汉密尔顿的性格，这是道金斯难以单独使用名词和动词来表达的，而那闪亮的新词"垂书丧气地"（eeyorishly）不仅说明了汉密尔顿的个性，还传达了道金斯对他已故同事的深厚感情。正如这些例子所示，形容词和副词不一定都是坏词；对于一些作家来说，它们如同墨水或氧气一样重要。

练 习

你是否对形容词和副词上瘾?以下练习可以帮你控制住对它们的渴望,并且无须完全放弃使用。

形容词与副词加减法

找到任意一个含有形容词和副词的段落,例如这段摘录自约翰·班维尔(John Banville)荣获布克文学奖的小说《海》的片段:

> The **first** thing I saw of them was their motor car. . . . It was a **low-slung**, **scarred** and **battered black** model with **beige leather** seats and a **big spoked polished wood steering** wheel. Books with **bleached** and **dog-eared** covers were thrown **carelessly** on the shelf under the **sportily raked back** window.[37]
>
> 我见到他们时,首先映入眼帘的是他们的汽车……那是一款底盘很低、伤痕累累且破破烂烂的黑色汽车,配上米色真皮座椅和一个抛过光的大木质方向盘。几本封面褪色且折角的书被随意扔在歪斜的后窗下的架子上。

标出文中所有的形容词和副词,包括用作形容词的名词和动词,如"真皮座椅""封面褪色的书"(**leather** seats、**bleached** covers)等。试着用新的形容词和副词替换这些标出来的词,看看会产生什么变化。例如,能否将**褪色**且**折角**(**bleached** and **dog-eared**)换成**明亮**且**多彩**(**bright** and **colourful**)?能否删去哪个形容词或副词而不对原文产生不良影响?有哪个词是不可或缺的吗?

重读上面的例子,你是欣赏班维尔风格多样的形容词,还是觉得他文章中的形容词和副词过多?你可以模仿自己钦佩的作家的句子结构,以学习更多关于风格化写作的知识——又或者反过来,学着避免你不喜欢的作家的那些句法习惯。

副词替换法

写下一系列句子,用不同的副词修饰同样的动词。

例:

She walked **painfully** toward the car.

她**痛苦地**走向汽车。

She walked **happily** toward the car.

她**愉快地**走向汽车。

She walked **drunkenly** toward the car.

她**醉醺醺地**走向汽车。

She walked **absent-mindedly** toward the car.

她**心不在焉地**走向汽车。

接下来，用更准确形象的动词替换上面的动词和副词组合：

例：

She **dragged** herself toward the car.

她**拖着步子**上了汽车。

She **sauntered** toward the car.

她**溜达**着上了汽车。

She **stumbled** toward the car.

她**踉跄**着上了汽车。

She **meandered** toward the car.

她**晃悠**着上了汽车。

在每次的转换中是否多了些什么？或者少了些什么？

形容词和副词清理箱

用形容词和副词清理箱来清理混乱的脑海：

在一张白纸上写下你能想到的所有形容词和副词。

仔细阅读你的形容词和副词列表，圈出其中所有新鲜的、不常见的词。丢弃所谓的"学术形容词"（那些带 able、ac、al、ant、ary、ent、ful、ible、ic、ive、less、ous 等后缀的词），以及所有让你显得浮夸或自以为是的副词，例如"无疑地"（clearly）、"明显地"（obviously）。保留其他词语以备不时之需——但请记住，要将它们与行为动词和具象名词结合使用，而不是作为替代词。

写作健康测试　例 4

The phenomenon of political crime has been neglected in western criminology, attracting the attention of only a relative handful of scholars. From the 1960s a small number of critical researchers sought to broaden the horizons of criminology, exploring the manner in which much deviant behaviour embodied, however inchoately, elements of protest against the prevailing social, moral and political order. Yet other critical scholars switched the focus altogether by concentrating on state crime. The impact of this work on mainstream criminology, however, remained limited and probably diminished as the optimistic climate of radical protest in the 1960s and 1970s gave way to the neo-conservative chill of the Thatcher/Reagan years, the implosion of Soviet Union and the apparent global triumph of western capitalism.[38]

政治犯罪是一种被西方犯罪学忽视的现象，仅吸引了少数学者的注意。从 20 世纪 60 年代开始，少数批判性研究人员试图拓宽犯罪学的视野，探索多种不正常行为的呈现方式，以及对抗主流社会、道德和政治秩序的各种因素，虽然它们还在未成形阶段。其他持批判态度的学者则通过专注于国家犯罪来转移焦点。然而这项工作对主流犯罪学的影响仍然有限,甚至可能衰减,因为 20 世纪 60 年代和 70 年代激进分子的抗议带来的乐观气氛让位于撒切尔/里根时代的新保守主义冷战、苏联解体和西方资本主义在全球范围内的明显胜利。

写作健康报告:

动词	健美
名词	匀称健康
介词	需要加强
形容词和副词	健康警报
"废词"	健美
总评	**超重**

评语:这个摘录自犯罪学期刊的文段包含相对较少的 be 动词和抽象名词(这是动词驱动、内容具体的文章的健康标志),但其中学术形容词和副词的比例很高。这种形容词的过剩是有意识的偏好还是无意识的文体风格?如果是后者,作者可能需要解决形容词和副词成瘾问题。

形容词副词上瘾症

5.
"废词"连篇

本章要点：
- 只有当你能确定 it 和 this 所指代的对象时才使用这些词。
- 一般来讲，除非要实现特定的风格效果，否则应避免在一个句子中多次使用 that，或在一自然段内使用超过三次 that。
- 注意以 there 开头的笼统概括句。

    有一类词语，如 it/this/that/there——本章将其统称为"废词"——在语言中的作用如同饮食中的"坏脂肪"。这些词不仅没有提供什么语言营养，而且只要它们存在，就预示着句子中有其他可能诱发心脏病的元素（如 be 动词、抽象名词和长串介词）。虽然这种废词可以为写作增添味道和质感，但如果过度使用就会堵塞你的文章,如同胆固醇阻塞动脉或油脂堵塞水槽。

我们先来看看 it(它)。如果使用得当,这个微不足道的词语可以发挥出令人印象深刻的语言威力。"It Girl"(时尚女性)这一说法的创造者埃莉诺·格林(Elinor Glyn)将 it 用出了神秘感和性感。在诸如"I get it"(我懂了)或"It's in the bag"(大功告成)之类的短语中,it 可以指代**一切**。在莎士比亚的《威尼斯商人》中,鲍西娅对 it 的反复演绎使演讲如同咒语,强调了仁慈的力量和圣洁。她温柔似水,又强大如王:

> The quality of mercy is not strain'd,
> **It** droppeth as the gentle rain from heaven
> Upon the place beneath: **it** is twice blest;
> **It** blesseth him that gives and him that takes:
> 'Tis mightiest in the mightiest: **it** becomes
> The throned monarch better than his crown...[39]
>
> 慈悲不是出于勉强,
> 它是像甘露一样从天上降下尘世;
> 它不但给幸福于受施的人,
> 也同样给幸福于施与的人;
> 它有超乎一切的无上威力,
> 比皇冠更足以显出一个帝王的高贵;……(朱生豪译)

当用来指代前文出现的名词时，it 可以防止不必要的重复：

Every time he threw the ball, she caught **it**.
每次他将球扔出时，她总能接住它。

在这句话中，it 指代"球"。但如果我们这样写：

The girl threw the vase through the window and broke **it**.
女孩把花瓶砸向窗户并将它打碎。

女孩打碎的是什么？是花瓶还是窗户？由于 it 在逻辑上可以指代"砸"字前面的名词（花瓶），也可以指代位置更靠近"打碎"的名词（窗户），所以我们不知道作者到底指的是哪个。

而当作者把 it 用作语义上的万能词时，会出现更严重的问题，这是一个没有明确指称的拐杖词。学术作者常常对读者"解释这种模糊指代的能力"表现出一种感人的信心，就像下面这段关于工作场所学习的书的节选：

Full participation stands in contrast to only one aspect of the concept of peripherality as we see **it**: **It** places the emphasis on what partial participation is not, or not yet.[40]

正如我们对它的了解，全面参与和外围性参与的概念仅在一个方面形成鲜明反差：它将重点放在部分参与不是什么，或还不是什么。

在这里，it 出现了不止一次，而是两次，且中间相隔不远。如果花点时间来破译这句话，我们可以推断，第一个 it 可能是指"外围性参与的概念"（the concept of peripherality），而第二个可能是指"全面参与"（full participation）。但我们怎么能确定呢？为什么我们要如此费劲地理解这句话？这句话已经饱受无力的动词"形成""放在""是"（stands、places、is）、抽象名词"参与""反差""方面""概念""外围""重点"（participation、contrast、aspect、concept、peripherality、emphasis）和静态介词（in、to、of、on）这三个致命组合的折磨，而令人困惑的双重 it 成了压死骆驼的最后一根稻草。

it 的出现往往伴随着 be 动词和废词（特别是 that）：

It can **be** shown **that**...
可以证明它是……

It is my position **that**. . .

这是我的立场……

We regard **it** as self-evident **that**. . .

我们认为这是不言而喻的……

It appears **that**. . .

这很明显……

It is a truth universally acknowledged, **that** a single man in possession of a good fortune, must **be** in want of a wife. (Jane Austen, *Pride and Prejudice*)

有钱的单身汉都想娶位太太,这是举世公认的真理。(简·奥斯汀,《傲慢与偏见》)

值得注意的一点是,哪怕最平凡的一个 it,在像简·奥斯汀这样聪明的作家手下也可能产生华丽的效果。一些作家甚至可以发掘 it 模棱两可的用法,越南老将尤瑟夫·科曼亚卡(Yusef Komunyakaa)在他的诗作标题《面对它》(*Facing It*)中利用了这点,it 不仅暗示了诗人在华盛顿面朝越战纪念碑(这是一面反光的花岗岩墙,上面雕刻着在战争中死去的所有美国士兵的名字）的这一实际行为,也表示了他正面对自己的过去这一隐喻的行为。但一般来说,除非你能准确说明这个平淡无奇的小代词所指的名词,否则最好抵住诱惑,避免在文章中洒满 it。

和 it 一样,this(这)在许多语法情境中都非常有分量。与它的兄弟姐妹 that(那)/these(这些)/those(那些)一起,它们可以引导读者注意特定的对象或观点:

> I'm catching **this** bus today, but I caught **that** one yesterday.
> 我今天要赶这趟车,但昨天我赶上了那辆。
>
> Do you like **this** dress?
> 你喜欢这件衣服吗?
>
> I want to buy **this** television.
> 我想买这台电视。

只要可以确定 this 指代的名词,你便能脚踏实地地使用。然而,this 常常成为表意不清的遮羞布。学术论文作者非常擅长使用含混不清的 this:

MRCD [Multirecursive Constraint Demotion] can be applied to a set of full structural descriptions, and it will either determine that the set is inconsistent or return a grammar consistent with all of the descriptions. **This** means that we could try to deal with structural ambiguity by collecting a set of overt forms, and for each overt form generate all possible interpretations of the form.[41]

多重递归约束降级（MRCD）可以应用于一组完整的结构描述，它可以确定该集合不一致，或返回与所有描述一致的语法。这意味着我们可以试着通过收集一组显性形态来处理结构歧义，而且每种显性形态都会产生该形态所有可能的解释。

在这个文段里，this 可以表示"MRCD 可以应用于一组完整的结构描述"（MRCD can be applied to a set of full structural descriptions），也可以是"MRCD 可以确定该集合不一致，或返回与所有描述一致的语法"（MRCD will either determine that the set is inconsistent or return a grammar consistent with all of the descriptions）。难怪它的作者——讽刺的是作者还是位语言学家——把 this 扔进文章就不管了，而不是煞费苦心地用清楚简洁的语句陈述自己的观点。

每当遇到 this 的使用问题时,问问自己"这"是什么?是这个概念、这个方法,还是这个说法?

> Her watercolors were not simply beautiful pieces of art, but also didactic objects that bore the burden of teaching others about Spiritualism and sharing the spirits' lessons about the nature of God. **This** was a lot to ask of works whose non-objective imagery could make them seem impenetrable.[42]

> 她的水彩画不仅是美丽的艺术作品,也能起到教学的作用,承担着教导他人唯灵论的职责,并传播上帝本性的精神。这对许多非物象主题的作品要求很高,否则会显得特别高深莫测。

是什么要求很高?

> The democratic troubles in Bolivia and the Andean region more broadly can partly be read as a reaction against the established political class in each country. **This** has good and bad implications.[43]

> 可以更概括地将玻利维亚和安第斯地区的民主问题理解为两国对既定政治阶层的反应。这有好坏参半的含义。

什么有好坏参半的含义？是玻利维亚和安第斯地区的民主问题能否被理解为对两国既定政治阶层的反应？还是玻利维亚和安第斯地区的民主问题有没有反映两国既定的政治阶层？this 在该句的作用就像水坑上的一片遮羞布，用来掩饰泥泞模糊的观点。

即便如此，这个准则也一如既往地存在一些令人信服的例外：一些作者故意使用表义模糊的 this 来达到不俗的效果。例如，在莎士比亚《第十二夜》的一个段落中，费边这样谴责心怀嫉妒的安德鲁·阿古谢克爵士：

She did show favour to the youth in your sight only to exasperate you, to awaken your dormouse valour, to put fire in your heart, and brimstone in your liver. You should then have accosted her, and with some excellent jests, fire-new from the mint, you should have banged the youth into dumbness. **This** was looked for at your hand, and **this** was balked: the double gilt of **this** opportunity you let time wash off, and now you are sailed into the north of my lady's opinion, where you will hang like an icicle on a Dutchman's beard. . .[44]

她当着你的面向那青年表示亲近，那只是为刺激你，惊醒你睡鼠般的勇气，在你的心里放进火，在你的肝里放进硫磺。你那时便该向她进攻，说些才铸出的崭新笑话，你便可以把那青年打击得哑口无言。这原是她希望你作的，而你没作到；你竟任着时间把这双层镀金的机会给淘去了，如今你在小姐的心上是往冷淡的方向走了；你将要像是荷兰人胡须上的冰柱一般的挂着了。（梁实秋译）

莎士比亚的双重 this（This was looked for at your hand, and this was balked）包含了费边列举的所有行动：受到刺激、变得愤怒并鼓起勇气，向小姐宣示自己的激情，讲笑话让对手感到羞耻并哑口无言，抓住这个千载难逢的机会。她希望你做的是什么？可以是这种反应、这种决心等等。在充满具象名词、行为动词和生动意象的文章中，莎士比亚可以策略性地充分采用这种模糊的手法。

that 和 this 一样，在伴随名词时很少引起问题。事实上，that 在用作限定语时能起到卓越的贡献："that girl"（那个女孩）、"that '70s show"（那个 70 年代秀）、"that darn cat"（那只该死的猫）……威廉·巴特勒·叶芝（William Butler Yeats）在他的诗作《驶向拜占庭》的开篇写道："That is no country for old men"（那不是一个老年人待的国家）。他指的是在想象领域中一片遥远的土地——是**那个**国家，而不是**这个**国家。即便是表意不清的短语，例如"That's great"（那就好）和"What's that"（那是什么），在合适的语境下也完全说得通。

然而，当把 that 用作句子成分之间的连接词时，它就像糖霜蛋糕上的奶油一样充满不健康的风险。以下文段将"多语症"这一语言现象恰当地定义为"高度抽象且具象语言不足的那种文章"。

> Writers in academic fields **that** concern themselves mostly with the abstract, such as philosophy and especially postmodernism, often fail to include extensive concrete examples of their ideas. . . . The widespread expectation **that** scholarly works in these fields will look at first glance like nonsense is the source of humor **that** pokes fun at these fields by comparing actual nonsense with real academic writing.[45]
>
> 在那些主要关注抽象事物的学术领域，比如哲学，特别是后现代主义哲学，作者们往往缺乏为他们的观点提供广泛而具体的例子的能力……人们普遍期望那些领域的学术作品乍一看就像是胡言乱语，一些人拿真正的胡言乱语和真实的学术写作进行比较以嘲笑那些领域，并将其称为幽默。

请注意前两句中由 that 引导的从句是如何像锥子般将两句的主语和谓语分开："作者"（writers）和"缺乏"（fail）间隔

17个词，"期望"（expectation）和"是"（is）间隔13个词。在这个例子中有一些矮胖的介词短语和抽象名词，这可以作为一种症状，但它们不是句子超重的原因。当然，精简文章的作者也会使用that，但他们的使用适度并且有明确目的。

像that一样，there既有光明的一面，也有黑暗的一面。与它的兄弟姐妹here（这里）和where（哪里）一起，可以表示定位（那里），如："Are we there yet?"（我们到那里了吗？）"Will you go there again tomorrow?"（明天你会再去那里吗？）。然而有时候，它失去了方位感，变成一个包罗万象的词，表示"整个宇宙包含"或者"可以推测……的存在"（有）。在类似"There used to be more friendly people in the world than there are now"（过去世界上友善的人比现在更多）这样的句子里，there究竟表达什么意思？

以there开头的句子通常伴随着be动词：

There are many reasons why...
有很多原因……

There is a rule that...
有规则表明……

There could **be** no better way to...
没有比这更好的方法了……

Are there any alternatives?
有其他选择吗?

格特鲁德·斯泰因(Gertrude Stein)对加利福尼亚州奥克兰的著名评价"There is no there there"(要啥没啥)就具有双重意义。在幽默地评论语法与地理的关系同时,斯泰因也向我们发出警告:当你用"there is"开始一句话时,常常是没有实质内容的。

但是否应该完全避免使用 there 呢?当然不是。在莎士比亚或艾米莉·狄金森等笔法娴熟的作家的作品中,there 被用来强调要介绍的名词:

There was speech in their dumbness, language in their very gesture.[46]
他们的沉默中有声音,手势中有语言。

There is another sky,
Ever serene and fair,

And **there** is another sunshine,
Though it be darkness **there**.[47]

总有另一片天空,
永远平静,
总有另一缕阳光,
划破彼处的黑暗。

然而,学术论文的作者如果不控制 there 的用量,就会落得一篇有气无力的文章:

With most or even all vague predicates, **it** soon appears **that** the idea **that there** is a sharp division between the positive cases and the borderline ones, and between the borderline cases and the negative ones, can no more be sustained than can the idea **that there** is a sharp division between negative and positive ones.[48]

对于大多数甚至所有不明确的谓词,人们很快会发现在正面案例和边缘案例之间,以及边缘案例和消极案例之间有明显的区分,不能再持续认为那是负面和正面之间的明显区分。

在这篇名为《是否存在高阶模糊性》(*Is There Higher-Order Vagueness?*)的博士论文摘录中,there 和协同犯罪的几个伙伴——it/that/be 动词——共同构成这个几乎高深莫测的句子,看起来一点也不高阶。这使我们得出结论,身为学者实在不应该将文章写得如此让人摸不着头脑。

以下句子均来自本科学生的作品,集结了 it/this/that/there(偶尔还有 what),它们将 be 动词、抽象名词和介词短语全纳入了自己的势力范围:

> **This** essay will consist of information about nine composers and one piece of work **that** each of them is known for.
>
> 这篇文章包含九位作曲家,以及那些代表作品的信息。
>
> **There** are a number of studies **that** show **that** if a cellular phone is being used near a cardiac pacemaker, **it** causes interference.
>
> 有许多研究表明,如果在心脏起搏器附近使用手机,则会造成对它的干扰。
>
> **It** is interesting **that** so many people believe in aliens, given **that there** is no actual proof of their existence.
>
> 有趣的是,很多人都相信有外星人,即使没有实际证明它们存在的证据。

What is most striking about **this** photograph is **that it** is not really an accurate depiction of real life.

这张照片最引人注目的是它并不是对现实生活的准确反映。

但谁又能责怪这些学生用"废词"来填充他们的文章呢？毕竟这些学生的许多老师——业界最聪明大脑的代表——也做着同样的事情。以下文段分别来自科学、社会学、哲学和文学研究领域的学术出版物：

[Science] What does **it** take to establish **that** such incompleteness will actually occur in a specific system? The basic way to do **it** is to show **that** the system is universal.[49]

[科学]如何确定在特定系统中实际发生了这种不完整性？这样做的基本方法表明系统是通用的。

[Sociology] **It** is important to recognize **that** sex segregation is a multifaceted and complicated phenomenon **that** is difficult to aggregate into one single index of sex segregation.[50]

[社会学]重要的是要认识到性别隔离是一个多方面且复杂的现象，它很难聚合成一个单一的性别隔离指数。

[Philosophy] A major consequence of all **this**, then, is **that** when language does appear, semantics (**that** is, meaning) is already anchored in **this** bodily conceptuality. In short, **there** exists a universal core of signifiers **that** have a natural relationship to signifieds.[51]

[哲学]所有这一切的一个主要结果是,当语言实实在在出现时,语义(即意义)已经固定在它概念的身体中了。简而言之,有一个通用的能指核心,它与所指事物有着自然的关系。

[Literary studies] Is **it** the case **that** recognition consists, as **it** does for Hegel, in a reciprocal act whereby I recognize **that** the Other is structured in the same way **that** I am, and I recognize **that** the Other also makes, or can make, **this** very recognition of sameness?[52]

[文学研究]是否认为"赞同"是一种互惠行为,如黑格尔所说,它让"我"认识到"他人"的行为与自己的是一样的;让"我"认识到他人也会,或者也能,做出同样赞赏的行为。

如果你认为这些复杂的句子结构在学术写作中不可避免,那么请看看以下这四个来自相似学科的例子:

[Science] Today as never before, the sky is menacing. . . . Even in daytime, reflected light on a floating dandelion seed, or a spider riding a wisp of gossamer in the sun's eye can bring excited questions from the novice unused to estimating the distance or nature of aerial objects.[53]

［科学］今天天气前所未有地阴云密布……即使在白天，无论是飞扬的蒲公英种子上的反射光，还是在阳光中趴在蛛网上的蜘蛛，都可能为测量空中物体距离或特质的新手带来值得注意的问题。

[History] Farmers make their living by slightly altering nature to achieve human ends. . . . In short, the farmers' metier has everything to do with flows of energy through ecosystems, fluxes of hydrology, and the invisible transference of nitrogen from air to soil and back again.[54]

［历史］农民通过略微改变自然来谋生，实现人类的发展……简而言之，农民的"职业"与生态系统中的能量、水的流向，以及氮气从空气到土壤的无形转移息息相关。

[Philosophy] We live in deceptive times. . . . Lies and other forms of deceptive behavior degrade our characters, unravel the fabric of civil society, and threaten our progress toward the good life.[55]

［哲学］我们生活在虚伪的时代……谎言和各种形式的欺骗行为破坏着我们的性格，破坏着公民社会结构，阻碍着我们迈向美好生活的步伐。

[Literary studies] We tend today to think of *Jane Eyre* as moral gothic, 'myth domesticated', Pamela's daughter and Rebecca's aunt, the archetypal scenario for all those mildly thrilling romantic encounters between a scowling Byronic hero (who owns a gloomy mansion) and a trembling heroine (who can't quite figure out the mansion's floor plan).[56]

[文学研究]如今,人们提起《简·爱》时会想到哥特式的伦理,"神话的驯化",帕梅拉的女儿和丽贝卡的姨妈,以及所有扣人心弦的浪漫相遇的典型情节:一位闷闷不乐的拜伦式男主角(他得拥有一栋死气沉沉的豪宅)和一位时常颤抖的女主角(她得搞不清豪宅的平面图)。

这些例子充满了丰富的具象名词和行为动词,并且几乎没有"废词",证明学术类作者完全能够运用人们乐于阅读的语言来传达复杂的想法。

练 习

让"它"出局

从自己写的文章或者已发表的学术论文中找一段文字，标出其中所有的 it：

例：

Many writers find **it** all too tempting to use this little pronoun as liberally as if **it** were a more interesting vocabulary item than **it** really is.

许多作家发现他们太想随心所欲地使用这小小的代词了，仿佛它这个词语比它本身更有趣。

在上面这句话里，it 有什么作用？第一个 it（many writers find it all too tempting）很能吸引目光，但实则缺乏定义，我们无法清楚地说出它代表什么。第二个 it 明确指代最近的名词，即前文的"代词"（pronoun）。但是我们可能会想，为什么 it 连续出现两次并代表两种不同的含义？第三个 it 同样是代词，却指代另一个新名词——"词语"（item），造成了额外的混乱。明智一点的编辑可能会选择仅保留一个 it（第一个或第二个）。

分析"这"话

接下来请用同样的方法把 this 标出来:

例:

When we use **this** word too frequently, we grow lazy and complacent. **This** causes us to lose sight of our own meaning. How can we prevent **this** from happening?

当我们太频繁地使用这个词时,我们会变得越来越懒,满足于自己目前的水平。这会使我们看不清自己想表达的意思。如何避免变成这样呢?

该句中的第一个 this 伴随一个名词(this word),第二个和第三个 this 则没有清晰的指代对象。若你不能明确地答出"这"是什么,就该考虑用另一种表述方式,以免在句子中出现表意模糊的 this。

"那"可不行

每当你发现自己在一个句子中重复使用 that,或在一个段落中使用超过三次 that 时,就该问自己一个简单的问题:"那"究竟是在指示句子的方向,还是在搅浑水?

例：

We hold these truths to be self-evident, **that** all men are created equal, **that** they are endowed by their Creator with certain unalienable Rights, **that** among these are Life, Liberty and the pursuit of Happiness.

我们认为这些真理是不言而喻的，人人生而平等，造物主赋予他们某些不可剥夺的权利，其中包括生命、自由和追求幸福的权利。

A sentence **that** makes clear **that** the author has not thought carefully about its structure will ensure **that** readers lose their way.

那种作者没有考虑清楚结构的句子会让那些读者迷失方向。

  第一个例子来自美国《独立宣言》的开篇，通过排比的 that 引导我们读完一系列排列整齐的观点。相比之下，在第二个例子中，重复的 that 使人感到混乱而非引导，表明作者缺乏对读者的关注和考虑。

  顺便一提，也请注意不要仅凭 which 来代替你的 that。语法专家指出，这两个词之间有一个重要区别。

The dog **that** bit the child had very sharp teeth.
咬孩子的狗有非常锋利的牙齿。

The cat, **which** disliked children, purred loudly.
那只不喜欢孩子的猫，大声地打着呼噜。

直接跟在名词后面的 that 从句（the dog **that** bit the child）为我们提供了关于该名词的基本信息；而 which 从句通常由逗号隔开，在语法上可有可无，可以删除它们而不产生不良影响。

没"有"问题

很多情况下，我们没有理由不使用 there。事实上，如果明天有一项法律出台，禁止在表示方位意思以外的地方使用这个词，毫无疑问会有专业作家表示抗议。

其实，上述句子中就包含三个 there（除了引用的 there），请看原文：

There is no reason why you should not use the word there at least occasionally. Indeed, if **there** were a law passed tomorrow banning all use of the word there except as a marker of place, **there** would undoubtedly be protests by professional writers.

很多情况下，我们没有理由不使用 there。事实上，如果明天有一项法律出台，禁止在表示方位意思以外的地方使用这个词，毫无疑问会有专业作家表示抗议。

试着只留下第一个 there，删去后两个：

There is no reason why you should not use the word there at least occasionally. Indeed, if a law were passed tomorrow banning all use of the word there except as a marker of place, professional writers would undoubtedly protest.

很多情况下，我们没有理由不使用 there。事实上，如果明天出台一项法律，禁止在表示方位意思以外的地方使用这个词，毫无疑问会遭到专业作家的抗议。

在不改变原文意思的前提下，我们将第二句话从 44 个词缩减到了 40 个词（约 10% 的降幅）。

试着写一些"废词连篇"的句子，例如："There is a belief

that difficult assignments are unfair"（有一种观点认为那些困难的作业是不公平的）。很简单对吧？然后通过删除"废词"和be动词结构来改写句子，可以先从删除一半开始。例如："Many people resent difficult assignments"（许多人对困难的作业感到不满）。做这项练习就像在健身房锻炼身体一样，需要付出相当大的努力，甚至可能每次写新东西时，你都要反复修改。请坚持下去！这将使你的文章变得更加精简准确，读者们会感谢你的。

写作健康测试　例5

Full participation, however, stands in contrast to only one aspect of the concept of peripherality as we see it: It places the emphasis on what partial participation is not, or not yet. In our usage, peripherality is also a positive term, whose most salient conceptual antonyms are unrelatedness or irrelevance to ongoing activity. The partial participation of newcomers is by no means 'disconnected' from the practice of interest. Furthermore, it is also a dynamic concept. In this sense, peripherality, when it is enabled, suggests an opening, a way of gaining access to sources for understanding through growing involvement. The ambiguity inherent in peripheral participation must then be connected to issues of legitimacy, of the social organization of and control over resources, if it is to gain its full analytical potential.[57]

正如我们对它的了解，全面参与和外围性参与的概念仅在一个方面形成鲜明反差：它将重点放在部分参与不是什么，或还不是什么。在使用中，外围性也是一个正面的术语，它在概念上最明显的反义词是与正在进行的活动的无关性或不相关性。新移民的部分参与绝不会与利益实践"脱节"。此外，它也是一个动态的概念。从这个意义上讲，外围性的行为表示一个开始，一种通过不断参与来获取理解来源的方式。如果要获得外围性参与的全面解析潜力，就必须将它固有的模糊性与合法性问题、社会组织和资源控制等问题联系起来。

写作健康报告：

动词	健康警报
名词	健康警报
介词	超重
形容词和副词	需要加强
"废词"	超重
总评	健康警报

评语：在这个抽象得近乎无情的段落中，几乎没有具象的语言。生硬的动词——"形成""放""表示"（stands、places、suggests）——对已经被介词短语、多处 be 动词结构、模糊的代词和僵尸名词拖累的句子来说毫无作用。

后记　健康写作

如果节制的饮食和运动方式剥夺了你所爱的食物，还逼迫你做自己讨厌的体育锻炼，几乎可以肯定你最终会放弃它。真正有效的健身计划并非让你在短期内变得健康匀称；相反，它可以激发循序渐进的持久变化。本书也遵循类似的思想。如果你成功地修改了一篇文章，但是在下一次创作时又回到了原来的写作习惯，那么你的写作风格就没有任何进步。诀窍在于不仅要改变自己的写作方式，还要改变你对写作的看法。

营养学家警告我们要远离薯片、巧克力棒、汽水和其他"空有卡路里"的食品。但是，我们如何才能抵抗住它们令人上瘾的味道和无处不在的身影？同样地，电子邮件、短信、博客文章和其他"新媒体"鼓励我们不顾质量地匆忙写作。好消息是，在这个老师们频频哀叹自己的学生是"文盲"的数字文化时代，年轻人们却比以往任何时候都更多地写作。坏消息则是，正如椒盐卷饼和薯片让我们对烟熏三文鱼和新鲜蓝莓的味觉变得迟钝一样，"垃圾文章"也会使我们对优雅语言的敏感度变得迟钝。

那么，我们应如何抵抗垃圾文章的诱惑？我们可以从关注自己每天的写作和阅读质量开始。国际"慢食"运动的支持者们提倡从农贸市场购买新鲜蔬菜,并且精心准备、慢慢烹饪,与亲人一起品尝美食。同样地,你可以通过筛选垃圾文章中有价值的话语来保持你对"鲜嫩多汁"的文章的品味。

你还可以通过努力发掘多样性来改善自己的写作。就像名厨喜欢到其他厨师的餐厅用餐一样,有成就的作家也乐于欣赏其他大师的作品。广泛而专注地阅读自身专业领域之外的作品,有助于拓展你的语言技巧。在分析喜欢的作者的句子时,你学到了什么?在修改自己文章的长度和语法,加入一个新词,或试用新的隐喻和类比时又会发生什么?

最后,记住要开开心心地写作。你不必将时间浪费在检查电子邮件的语法上(有时垃圾食品也是被允许的),你也不应指望写出一篇学术文章或学期论文就能让自己的写作水平登上新台阶。但为什么不偶尔花些时间陶醉在写作中呢?写一封情书,作一首诗歌,给朋友手写一张便条。这样做不仅会提高你的写作水平,而且更有可能的是,提升你的生活质量。

写作健康测试　例6

莎士比亚的戏剧向我们展示了一位作家可以如何妙笔生花地运用各种写作风格。

be 动词

I will be master of what is mine own:
She is my goods, my chattels; she is my house...

我自己的东西由自己做主：
她是我的物品，我的财产；她是我的房屋……

名词

I crave fit disposition for my wife.
Due reference of place and exhibition,
With such accommodation and besort
As levels with her breeding.

我敬恳公爵设法给我妻子以适当的安置，
关于居住费用诸事，
要有合于她的身份的供养和侍候。

（梁实秋译）

介词

So, at his sight, away his fellows fly;
And, at our stamp, here o'er and o'er one falls;
He murder cries and help from Athens calls.

他们一看见了他……大家没命逃走了；
又因为我们的跳舞震动了地面，一个个横仆竖倒，
嘴里乱喊着救命。

（朱生豪译）

形容词和副词 *

Pity, you ancient stones, those tender babes
Whom envy hath immured within your walls!
Rough cradle for such little pretty ones!
Rude ragged nurse, old sullen playfellow
For tender princes, use my babies well!

古老的石块呀，可怜我两个幼儿，
为了遭人忌妒关进了你的四壁高垣，
如此柔嫩，如此俊美的小王子，
你当保姆未免太粗鲁，
当游伴未免太森严，
做摇床又未免太坚硬！

（梁实秋译）

"废词"

For in that sleep of death what dreams may come
When we have shuffled off this mortal coil,
Must give us pause: there's the respect
That makes calamity of so long life...[58]

我们捐弃尘世之后,
在死睡当中会做些什么梦,
这却不可不假思索;
苦痛的生活所以能有这样长的寿命,
也就是这样的动机所致……

（梁实秋译）

* 请注意，大部分标亮的形容词都未计在"写作健康测试"里，因为测试仅考察"学术性形容词和副词"。

附录　写作健康测试

你可以在网上进行英文写作健康测试（网址：www.writersdiet.com），或用彩色荧光笔进行自我测试。基于一个简单的算法，这个测试能分别计算出你的文章在五个语法类别中的"身体素质"。每个类别中高亮显示的单词所占比例越高，你的文章就越"虚胖"，可以参照以下解释：

健美	健康文章
健康匀称	状况极佳
需要加强	可以通过适度锻炼提升
超重	需要精明的编辑
健康警报	可能需要编辑进行抽脂！

写作健康测试有助于你思考自己**如何**、**为什么**以及**多常**使用这些高亮词语；但是，你也不应该将这些词语全部删除或完全放弃。你甚至可以最终决定不做任何改变。"镜子、脑袋和拉链"往往会比卷尺或体重秤提供更有用的信息。你看起来好吗？你感觉好吗？你

的语言适合自己吗?

　　写作健康测试提供诊断而非处方,它是修饰的滤镜,不是灵丹妙药。你可以灵活地使用测试提供的目标反馈。和人一样,句子也形态各异、长短不一。如果我们写的都是完全一样的话语(或读起来完全一样),世界将变得多么无聊啊!

写作健康测试指南（手册版）

从自己的作品中选一个正好 100 词（不包括引用文本）的段落用作样本。如果文本恰好断在一句话中间也没关系。将文中的以下成分高亮标注：

动词

标记所有 be 动词：am、is、are、was、were、be、being、been。

名词

标记所有带以下后缀的名词：ion、ism、ty、ment、ness、ance、ence。
- 包括复数（如：occurrences）和用作形容词的名词（如：**precision** tool）。
- 不包括专有名词，如"Felicity"（幸福）、"Namibia"（纳米比亚）；以及不能用作形容词或动词的名词，如"prism"（棱柱）、"city"（城市）。

介词

标记所有介词：about、above、across、after、against、along、among、around、at、before、behind、below、beneath、beside、between、beyond、by、down、during、for、from、in、inside、into、like、near、of、off、on、onto、out、outside、over、

past、since、through、throughout、till、to、toward、under、underneath、until、up、upon、with、within、without。
- 如果遇到动词不定式结构（如：**to** run），也请标记其中的 to。
- 当两个介词连续出现时（如：He got **up from** the sofa），请计算为两个。

形容词和副词

标记所有带以下后缀的形容词和副词：able、ac、al、ant、ary、ent、ful、ible、ic、ive、less、ous。

"废词"

标记所有的"废词"：it、this、that、there。

完成后，计算每一项的百分比并算出总得分：
- 统计高亮词语，并将数量按五个项目分别填入下表：

空白评分表（100词）					
动词	名词	介词	形容词和副词	"废词"	健康等级
<3	<4	<14	<6	<3	健美
3	4	14~15	6~7	3	健康匀称
4	5	16~17	8~9	4	需要加强
5	6	18~19	10~11	5	超重
≥6	≥7	≥20	≥12	≥6	健康警报

你的文章太胖了！

- 参照健康评级栏，找到每个类别的评分，并在下表中注明。
- 参照以下标准，分别为五个项目评级打分：健美=1；健康匀称=2；需要加强=4；超重=16；健康警报=32。
- 将五个分值相加得到总分，得出写作的整体健康等级。总分 5~7 = 健美；8~11 = 健康匀称；12~23 = 需要加强；24~63 = 超重；≥64 = 健康警报。

写作健康评分总表		
项目	健康评级	评分
动词		
名词		
介词		
形容词和副词		
"废词"		
总分		
总评级		

写作健康测试指南（手册版）

写作健康测试　例 7

Scholars have also spilled a great deal of ink to demonstrate how a lack of unity may contribute to a social movement organization's failure or collapse, and numerous empirical studies suggest that division can lead to the collapse of an organization or a structural coalition. Yet not all organizations fall apart because of internal division. Given the size and longevity of NOW, it provides an apt case for examining how organizations withstand internal differences. Sociologist Jo Reger, for example, uses the case of the New York City chapter of NOW to suggest that an organization can develop multiple and varying. . .[59]

　　学者们也大费笔墨，力图证明缺乏团结可能会导致社会运动组织的失败或瓦解。许多实证研究表明，内部分裂可能导致组织或结构联盟崩溃。然而并非所有组织都因内部分裂而解散。考虑到 NOW 的规模和寿命，它为组织如何抵御内部差异提供了一个恰当的实例。例如，社会学家乔·雷格以 NOW 纽约市分会的案例来表明，一个组织可以发展多元性和变化性……

例7评分表（100词）					
动词	名词	介词	形容词和副词	"废词"	健康等级
<3	<4	<14	<6	<3	健美
3	4	14~15	6~7	3	健康匀称
4	5	16~17	8~9	4	需要加强
5	6	18~19	10~11	5	超重
≥6	≥7	≥20	≥12	≥6	健康警报

· 参照健康评级栏，找到例7在每个类别的评分，并在下表中注明。
· 参照以下标准，分别为五个项目评级打分：健美=1；健康匀称=2；需要加强=4；超重=16；健康警报=32。
· 将五个分值相加得到总分，得出例7的整体健康等级。总分5~7=健美；8~11=健康匀称；12~23=需要加强；24~63=超重；≥64=健康警报。

例7写作健康评分总表		
项目	健康评级	评分
动词	健美	1
名词	健康警报	32
介词	健美	1
形容词和副词	健康匀称	2
"废词"	健康匀称	2
总分		38
总评级		超重

写作健康测试指南（手册版）

评语： 这个100词的段落摘自学术期刊《性别的历史》，在五个项目中有四个得分为"健美"或"健康匀称"。然而在名词项目中却得到"健康警报"评级，因此总评级为"超重"（1+1+2+2+32=38）。第一句中，"学者们也大费笔墨"（scholars have also spilled a great deal of ink）为整篇抽象的文章提供了唯一具象的细节。作者可以考虑减少使用"僵尸名词"（12个），并多用具象语言。

写作健康测试指南（电子版）

请选择你近期的一份写作样本：一份已完成且经过润色的文章作品，并且在你看来，它能代表你的最佳水平。

进入写作健康测试网站（www.writersdiet.com），从你的写作样本中剪切 100 至 1000 词的内容粘贴到文本框中。较短的摘录（100~500 词）适合测试特定段落；较长的样本（500~1000 词）则可以提供更广的视野，帮助你发现写作中反复出现的模式。

- 点击"运行测试"（Run the test）。你的文章用词会显示为不同的高亮色彩，你会分别看到五个类别的健康评级，以及一个总体评级。
- 如需将结果保存为可下载的 PDF 文件，请点击"查看完整诊断"（See full diagnosis）。
- 如需再次进行测试，请点击"测试新样本"（Test new sample）。

为了获得最佳效果：

- 请点击文本框上的"高级"标签，尝试不同的选项以微调你的诊断。
- 仔细阅读网站上的信息，特别是常见问题解答（FAQ）。
- 在调整特定段落之前，请测试各种写作样本，以便更好地了解整体测试。

写作健康测试　例8

Fourscore and seven years ago our fathers brought forth on this continent, a new nation, conceived in Liberty, and dedicated to the proposition that all men are created equal. Now we are engaged in a great civil war, testing whether that nation, or any nation so conceived and so dedicated, can long endure. We are met on a great battle-field of that war. We have come to dedicate a portion of that field, as a final resting place for those who here gave their lives that that nation might live...

　　八十七年前，我们的祖辈在这片大陆上建立了一个全新的国家。这个国家孕育于自由中，并致力于推崇人人生而平等的理念。现在，我们正在进行一场伟大的内战，以此考验这个国家，或任何一个有如此构想和奉献的国家能否长久存在下去。今天我们来到这场战争的一个伟大战场上，是为了将这块土地贡献出来，让它成为那些为了国家命运献身的人最后的安息之地……

写作健康报告(针对演讲全文):

动词	健康匀称
名词	健康匀称
介词	健美
形容词和副词	健美
"废词"	健康警报
总评	**超重**

评语: 如果亚伯拉罕·林肯在去葛底斯堡的火车上带着一台连接了无线网络的笔记本电脑,他可能会将这匆匆写下来的 269 个词粘贴到写作健康测试中,并注意到一些语言习惯,比如多次出现的 that。那么他是否会修改这些词使文章从"超重"升级为"健康匀称"呢?也许会,也许不会。作为一名政治家,林肯毫无疑问明白这个主要为学术作者设计的测试工具不一定适用于演讲稿。作为一名经验丰富的雄辩家,他也有自信独立做出决定,而不是依赖于一个机械的计算公式给出的建议。

参考文献

　　本书所有学生写作的例子均摘自公开网站，如 www.directessays.com。其他未署名的例句均由本书作者所作。

1　Richard Lanham, *Revising Prose*, Third Edition (New York: Macmillan, 1992), 4.

2　Charles Dickens, *A Tale of Two Cities*, Chapter 1.

3　William Shakespeare, *Hamlet*, Act III, Scene 1.

4　John McPhee, 'The Founding Fish,' *The New York Times*, 8 December 2002.

5　R. Fagin, 'Inverting Schema Mappings', *ACM Transactions on Database Systems* 32.4, Article 25 (November 2007): 1.

6　Mickael Le Gac et al, 'Phylogenetic Evidence of Host-specific Cryptic Species in the Anther Smut Fungus', *Evolution* 61.1 (2007): 15.

7　Panagiotis G. Ipeirotis et al, 'Towards a Query Optimizer for Text-centric Tasks', *ACM Transactions on Database Systems* 32.4, Article 21 (November 2007): 2.

8 Richard Leschen and Thomas Buckley, 'Multistate Characters and Diet Shifts: Evolution of Erotylidae (Coleoptera)', *Systematic Biology* 56.1 (2007): 97.

9 Claudia Lapping, 'Recodifications of Academic Positions and Reiterations of Desire: Change but Continuity in Gendered Subjectivities', *Studies in Higher Education* 31:4 (2006): 423.

10 Robert Morgan, *Sigodlin* (Middletown, CT: Wesleyan University Press, 1990), 58. Quoted by permission of the author.

11 Kathryn A. Becker-Blease et al, 'A Genetic Analysis of Individual Differences in Dissociative Behaviors in Childhood and Adolescence', *Journal of Child Psychology and Psychiatry* 45.3 (March 2004): 522.

12 Alison Gopnik, *The Philosophical Baby: What Children's Minds Tell Us About Truth, Love, and the Meaning of Life* (New York: Farrar, Straus and Giroux, 2009), 50, 53.

13 Emily Dickinson, Poem 254, in *The Complete Poems of Emily Dickinson*, ed. Thomas H. Johnson (Boston: Little, Brown, 1960), 116.

14 A. S. Byatt, *Possession: A Romance* (New York: Vintage, 1991), 63.

15 Dava Sobel, *Longitude* (New York: Penguin, 1996), 4–5.

16 Helen Sword, 'Zombie Nouns', *The New York Times*, 23 July 2012.

17 Lori A. Fidler and J. David Johnson, 'Communication and Innovation Implementation', *Academy of Management Review* 9.4 (1984): 704.

18 William Shakespeare, *A Midsummer Night's Dream*, Act V, Scene 1.

19 George Smoot, 'Looking for the Big Bang', in *Galileo's Commandment: An Anthology of Great Science Writing*, ed. Edmund Blair Bolles (London: Little, Brown, 1999), 239–40.

20 Kwame Anthony Appiah, *Cosmopolitanism: Ethics in a World of Strangers* (New York: Norton, 2006), xi.

21 Joan Didion, 'On Self-Respect', in *Slouching Towards Bethlehem* (London: Andre Deutsch, 1969), 143–44.

22 Gary Younge, *The Speech: The Story Behind Dr. Martin Luther King Jr.'s Dream* (Chicago: Haymarket Books, 2013), 118.

23 Robert N. Proctor, '"-Logos," "-Ismos," and "-Ikos": The Political Iconicity of Denominative Suffixes in Science (or, Phonesthemic Tints and Taints in the Coining of Science Domain Names)', *Isis* 98:2 (2007): 290.

24 Lanham, *op. cit.*, 5.

25 Benjamin Robinson, 'Socialism's Other Modernity: Quality, Quantity and the Measure of the Human', *Modernism/Modernity* 10.4 (2003): 709.

26 Michele Leggott, 'milk and honey taken far far away (ii)', in *Milk & Honey* (Auckland: Auckland University Press, 2005), 44. Quoted by permission of the author.

27 Michele Leggott, '27', in *Like This?* (Christchurch: Caxton Press,

1988), 27. Quoted by permission of the author.

28 Renée Riese Hubert and Judd D. Hubert, 'Reading Gertrude Stein in the Light of the Book Artists', *Modernism/Modernity* 10.4 (2003): 683.

29 Claire Colebrook, 'The Sense of Space: On the Specificity of Affect in Deleuze and Guattari', *Postmodern Culture* 15.1 (2004): par. 2.

30 Adalaide Morris, *How to Live/What to Do: H.D.'s Cultural Poetics* (Urbana: University of Illinois Press, 2003), 79.

31 Glen David Gold, *Carter Beats the Devil* (New York: Hyperion, 2001), 91.

32 William Shakespeare, *The Tempest*, Act II, Scene 2.

33 Josipa Roksa, 'Does the Vocational Focus of Community Colleges Hinder Students' Educational Attainment?' *Review of Higher Education* 29.4 (2006): 499.

34 Vladimir Nabokov, *Lolita* (New York: Berkley Books, 1977), 14.

35 William Shakespeare, *Romeo and Juliet*, Act II, Scene 2.

36 Richard Dawkins, obituary for W. D. Hamilton, in *The Independent*, 3 October 2000.

37 John Banville, *The Sea* (London: Picador, 2005), 6.

38 Russell Hogg, 'Criminology, Crime and Politics Before and

After 9/11', *Australian and New Zealand Journal of Criminology* 40:1 (2007): 83.

39   William Shakespeare, *The Merchant of Venice*, Act VI, Scene 1.

40   Jean Lave and Etienne Wenger, *Situated Learning: Legitimate Peripheral Participation* (Cambridge: Cambridge University Press, 1991), 35.

41   Bruce Tesar, 'Using Inconsistency Detection to Overcome Structural Ambiguity', *Linguistic Inquiry* 35.2 (2004): 231.

42   Rachel Oberter, 'Esoteric Art Confronting the Public Eye: The Abstract Spirit Drawings of Georgiana Houghton', *Victorian Studies* 48.2 (2005): 223.

43   'High Anxiety in the Andes', *Journal of Democracy* 12.2 (2001): 5. Unsigned editorial.

44   William Shakespeare, *Twelfth Night*, Act III, Scene 2.

45   http://en.wikipedia.org/wiki/Logorrhoea; accessed March 2007. (This entry has since been revised, and the quoted passage has disappeared.)

46   William Shakespeare, *The Winter's Tale*, Act V, Scene 2.

47   Emily Dickinson, Poem 2, in *The Complete Poems of Emily Dickinson*, ed. Thomas H. Johnson (Boston: Little, Brown, 1960), 4.

48   Mark Sainsbury, 'Is There Higher-Order Vagueness?' *Philosophical Quarterly* 41.163 (1991): 168.

49 Stephen Wolfram, *A New Kind of Science* (Champaign: Wolfram Media, 2002), 784.

50 Margarita Estévez-Abe, 'Gender Bias in Skills and Social Policies: The Varieties of Capitalism Perspective on Sex Segregation', *Social Politics: International Studies in Gender, State and Society* 12.2 (2005): 184.

51 Tony Jackson, 'Writing and the Disembodiment of Language', *Philosophy and Literature* 27.1 (2003): 117–18.

52 Judith Butler, 'Giving an Account of Oneself ', *Diacritics* 31.4 (2001): 22–23.

53 Loren C. Eiseley, 'Little Men and Flying Saucers', *Harper's* 206.1234 (March 1953): 86.

54 Geoff Cunfer, 'Manure Matters on the Great Plains Frontier', *Journal of Interdisciplinary History* 34.4 (2004): 539.

55 Jeff Karon, 'Deception and Intentional Transparency: The Case of Writing', *Philosophy and Literature* 27.1 (2003): 134.

56 Sandra M. Gilbert and Susan Gubar, *The Madwoman in the Attic: The Woman Writer and the Nineteenth-Century Literary Imagination* (New Haven: Yale University Press, 1979), 337.

57 Lave and Wenger, *op. cit.*, 35.

58 William Shakespeare, *The Taming of the Shrew*, Act III, Scene 2; *Othello*, Act I, Scene 3; *A Midsummer Night's Dream*, Act III,

Scene 2; *Richard III*, Act IV, Scene 1; *Hamlet*, Act III, Scene 1.

59 Stephanie Gilmore and Elizabeth Kaminski, 'A Part and Apart: Lesbian and Straight Feminist Activists Negotiate Identity in a Second-Wave Organization', *Journal of the History of Sexuality* 16:1 (2007): 99.